ÉLÉMENTS
DE
GÉOGRAPHIE

RÉDIGÉS

SUIVANT LES PROGRAMMES DE L'ENSEIGNEMENT PRIMAIRE

PAR

HENRI LEMONNIER

PROFESSEUR AU LYCÉE LOUIS-LE-GRAND

ET

FRANZ SCHRADER

COURS ÉLÉMENTAIRE

Contenant 61 gravures et 26 cartes dans le texte

ET 7 CARTES EN COULEUR TIRÉES A PART

PARIS

LIBRAIRIE HACHETTE ET Cie

79, BOULEVARD SAINT-GERMAIN, 79

ÉLÉMENTS DE GÉOGRAPHIE, *Cours moyen*, par les mêmes auteurs, 1 vol. in-4° (sous presse).

ÉLÉMENTS
DE
GÉOGRAPHIE

RÉDIGÉS

SUIVANT LES PROGRAMMES DE L'ENSEIGNEMENT PRIMAIRE

PAR

HENRI LEMONNIER
PROFESSEUR AU LYCÉE LOUIS-LE-GRAND

ET

FRANZ SCHRADER

COURS ÉLÉMENTAIRE

Contenant 61 gravures, 26 cartes dans le texte

ET 7 CARTES EN COULEUR TIRÉES A PART

PARIS
LIBRAIRIE HACHETTE ET CIE
79, BOULEVARD SAINT-GERMAIN, 79

1881

PRÉFACE

L'ouvrage que nous publions est destiné à donner aux enfants les premiers éléments de la géographie.

Faire de la science géographique, non plus une nomenclature aride, mais bien véritablement la *description* de la Terre, exercer la mémoire sans la surmener, développer les facultés d'observation et de raisonnement, telles nous ont semblé être les tendances nouvelles de l'enseignement, telles sont les idées dont l'application nous a paru plus désirable encore dans les cours élémentaires que partout ailleurs.

En premier lieu, nous nous sommes attachés à éviter les longues énumérations. *On ne s'étonnera pas de ne plus trouver ici la liste des chefs-lieux d'arrondissement et de département, qui pendant trop longtemps a composé tout le bagage géographique de l'enfance. Nous avions d'autres notions plus utiles à donner*, et nous avons supprimé rigoureusement tout ce qui n'était pas essentiel, persuadés qu'à cet âge tout ce qui n'est pas essentiel est nuisible. Les élèves à qui nous nous adressons n'ont pas besoin de tout savoir du premier coup, mais de se préparer à savoir.

D'un autre côté, nous ne croyons pas que la brièveté matérielle soit la qualité par excellence d'un livre élémentaire, tant s'en faut. Elle supprime en réalité ce qui fait la vie de tout enseignement, c'est-à-dire le détail pittoresque. *On n'a rien fait quand on a nommé les Alpes; c'est pour l'enfant qui ne les connaît pas un mot vide de sens; seule, la description de leurs traits caractéristiques éveille l'attention et grave le nom dans la mémoire.*

Nous sommes entièrement d'accord avec les géographes qui demandent que l'enseignement de la géographie devienne plus concret, et que l'élève apprenne *de bonne heure* à regarder, mais nous différons quant à l'application du principe. En particulier, le système qui consiste à faire, de l'étude de la classe et de la topographie de la commune, l'unique point de départ de la géographie, nous semble à la fois peu logique et peu pratique. Sans doute, il faut d'abord parler à l'enfant des choses qu'il *voit*. Mais ne voit-il pas l'horizon, le soleil, les étoiles, et ces objets ne sollicitent-ils pas son attention bien plus fortement que la forme de la classe et la disposition des bancs qui s'y trouvent? D'un autre côté, peut-on lever le plan de l'école sans l'orienter? Et peut-on l'orienter sans savoir d'où vient la détermination des points cardinaux, par conséquent sans avoir appris que la Terre est ronde, qu'elle tourne sur elle-même et autour du Soleil?

Nous avons donc adopté un mode qui nous paraît précisément placer la géographie sur sa véritable base, en permettant à l'élève de comprendre les choses à mesure qu'elles se présentent à lui. Comment, en effet, parler du plan de la ville sans avoir parlé de l'horizon, ou des fleuves de France sans avoir dit ce que c'est qu'un fleuve, etc., etc.? Nous avons dès lors été obligés de modifier sur quelques points l'ordre du programme tout en en conservant l'esprit.

Nous commençons par l'horizon, pour bien montrer que c'est là le point de départ de la géographie, et nous indiquons immédiatement ce qu'il y a au delà et au-dessus de l'horizon, c'est-à-dire la Terre et le Ciel, pour arriver à faire comprendre comment on procède pour s'orienter. C'est après cela seulement que l'élève peut étudier les objets qui l'entourent de plus près, et se rendre compte de la façon dont on peut représenter les différentes parties de la Terre sous la forme de plans et de cartes. Nous décrivons ensuite les diverses formes du sol, et nous marquons les noms qui servent à les désigner. A ce moment l'enfant a des notions justes sur les principaux phénomènes physiques qui se passent sous ses yeux, il voit ce que signifie une carte, il a un vocabulaire géographique dont il comprend le sens.

Alors peut venir la description d'ensemble de la Terre qui nous paraît, et c'est l'avis du programme, devoir précéder celle de la France. Comme on ne saurait aujourd'hui parler de notre pays sans marquer d'abord ses rapports avec les pays voisins et même avec les pays les plus éloignés, il faut avant tout donner, sur les parties du Monde, les indications nécessaires pour connaître la place qu'elles occupent sur le globe et par rapport à nous.

Dans la géographie de la France, nous avons ajouté quelques notions à celles que contient le programme : les montagnes, qu'il est difficile d'omettre, lorsqu'on cite les grands fleuves; les colonies, qui font vraiment partie intégrante de la patrie.

Notre ouvrage, d'ailleurs, n'est pas fait pour remplacer entièrement le professeur, mais pour l'aider en résumant à l'avance ses leçons. C'est au maître qu'appartiendra toujours le rôle le plus actif, et nous n'avons la prétention de lui imposer ni l'ordre, ni la mesure de son enseignement.

Les dessins qui accompagnent le texte ont été choisis et dessinés avec le plus grand soin, d'après des documents scrupuleusement exacts. Il en est de même des cartes, qui ont été l'objet de toute notre attention et que nous avons longuement étudiées. Nous avons voulu qu'elles fussent à la fois simples et scientifiques, c'est-à-dire vraies. Elles font véritablement corps avec le texte; on y trouvera les noms qu'il contient, mais on n'y trouvera que ces noms.

Nous espérons que ce petit livre préparera les élèves à des études plus complètes, dont il contient en quelque sorte les germes. Telle a du moins été notre intention.

PARIS. — IMPRIMERIE EMILE MARTINET, RUE MIGNON, 2

INTRODUCTION

La **Terre**, sur laquelle nous vivons, est très vaste, et nos yeux ne peuvent jamais en apercevoir qu'une bien petite partie à la fois.

La limite au delà de laquelle tout échappe à nos regards, forme ce qu'on appelle l'**Horizon**. C'est une sorte de *cercle* qui borne notre vue de tous côtés.

Tantôt l'horizon est très rapproché de nous, comme dans les villes ou dans les pays de montagnes; tantôt, au contraire, il est très étendu, comme dans les pays plats ou au milieu de la mer.

Mais nous savons toujours qu'au delà des maisons, des forêts, des montagnes qui nous apparaissent, il y a encore d'autres maisons, d'autres forêts, d'autres montagnes; qu'après les pays qui nous environnent, il y a des mers; après ces mers, d'autres pays encore.

Tous ces pays ne ressemblent pas au nôtre; les uns ont un climat très chaud, avec des plantes et des animaux particuliers; les autres sont presque toujours glacés et couverts de neige. Les uns sont très peuplés; d'autres sont déserts ou parcourus par des hommes encore sauvages. L'ensemble de ces pays forme la surface de la Terre.

La **Géographie** *est la science qui nous fait connaître la* **Terre**.

Elle nous décrit les différentes parties qui la composent, leurs productions, leurs animaux; elle nous apprend comment y vivent les hommes.

Questionnaire.

Pouvons-nous voir toute la Terre? — Qu'est-ce que l'horizon? — Quand l'horizon est-il borné? — Quand est-il étendu? — Qu'y a-t-il au delà de l'horizon? — Toutes les parties de la Terre se ressemblent-elles? — Qu'est-ce que la Géographie? — Que nous apprend-elle?

NOTIONS GÉNÉRALES SUR LA TERRE ET LE CIEL

La **Terre** *n'est pas plate*, ainsi qu'on pourrait le croire lorsqu'on n'en voit qu'une petite partie. Elle est ronde, ou peu s'en faut; elle a la forme d'un **globe**, d'une **sphère**, dont il est possible de faire le tour.

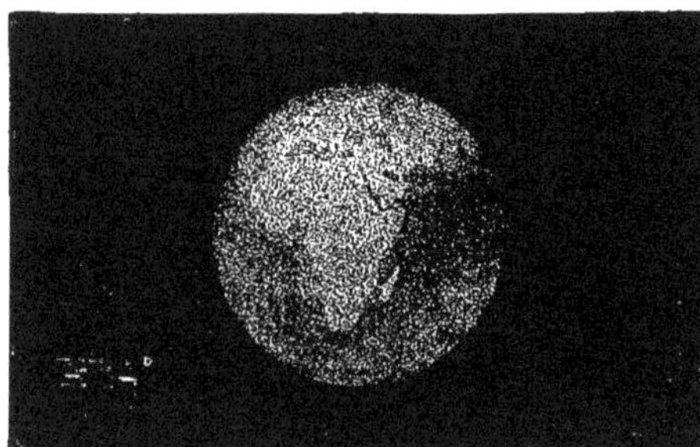

La Terre.

Ce globe est immense; il a environ *quarante millions de mètres* de circonférence, ce qui fait *quarante mille kilomètres*.

Un bon marcheur peut faire à peu près quarante kilomètres par jour; il lui faudrait donc mille jours pour parcourir cette énorme distance.

Sur quelque point de la terre qu'on se trouve, on a le **Ciel** au-dessus de soi. Ce *ciel*, c'est un espace sans bornes, où la Terre est comme flottante.

On aperçoit dans le ciel, pendant le jour, **le Soleil**; pendant la plupart des nuits, **la Lune**, et un nombre infini de points étincelants ou astres, dont les uns s'appellent **Planètes** et les autres **Étoiles**.

Le Soleil, la Lune, les planètes, les étoiles sont d'autres globes comme la Terre.

C'est le **Soleil** qui forme le centre de notre monde; la Terre et les autres planètes l'entourent et circulent continuellement autour de lui.

Notre **Globe** en effet *n'est pas immobile*, et ce n'est pas le Soleil qui tourne autour de nous. L'apparence nous fait voir le contraire de la réalité. Il en est de même quand nous sommes emportés par un train de chemin de fer : le paysage nous paraît se déplacer, tandis que c'est nous qui nous déplaçons.

C'est donc la Terre qui décrit un grand cercle autour du Soleil. Ce mouvement, qu'on appelle **révolution**, s'accomplit en un an, c'est-à-dire en 365 jours et quelques heures.

En même temps, la Terre tourne et pivote continuellement sur elle-même, comme autour d'une grande aiguille qui la traverserait. Ce mouvement est le mouvement de **rotation**, qui s'accomplit *en vingt-quatre heures*, et mesure ainsi *les jours*.

Dans son mouvement de *rotation*, la Terre présente successivement au Soleil les différentes parties de sa surface; et, comme c'est le Soleil qui nous éclaire, les diverses régions

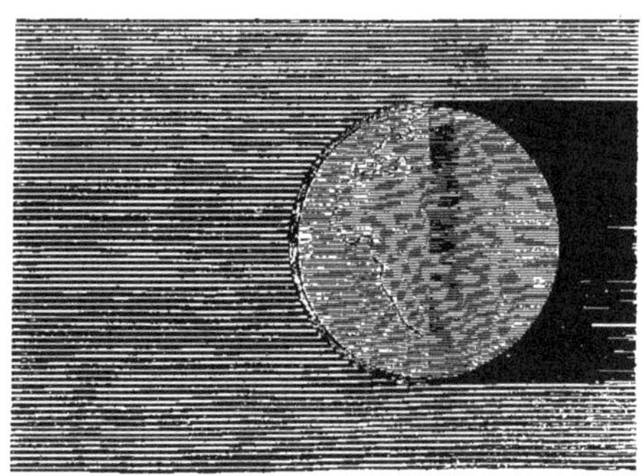

Jour et nuit.

du globe ont chacune à leur tour, le **jour**, quand elles sont en face du Soleil, et la **nuit**, quand elles sont de l'autre côté.

Ainsi, quand le soleil semble s'élever au-dessus de l'horizon, c'est le mouvement de rotation de la Terre qui nous ramène en face de lui ; et quand il semble s'abaisser vers l'horizon, c'est la rotation qui continue et qui amène en face du Soleil d'autres parties de la Terre. Mais il nous apparaît toujours du même côté, et disparaît toujours à nos yeux du côté opposé.

POINTS CARDINAUX

C'est la position du Soleil et des astres par rapport à la Terre qui nous permet de déterminer les différents points de l'horizon.

On a tout d'abord déterminé quatre points principaux, qu'on appelle **points cardinaux**.

Ces points sont : l'**Est**, l'**Ouest**, le **Nord** et le **Sud**.

Lever du soleil, orientation.

L'**Est** est le point où nous voyons apparaître le Soleil le matin. On l'appelle aussi *Levant* ou *Orient*.

L'**Ouest** est le point où nous voyons le Soleil disparaître chaque soir. Il porte aussi les noms de *Couchant* ou d'*Occident*.

Le **Nord** ou *Septentrion* est le point qu'on a en face de soi, quand on étend la main droite vers l'Est, et la main gauche vers l'Ouest.

Le **Sud** ou *Midi* est le point opposé au Nord.

Pendant la nuit, la Lune paraît souvent, et, de même que le Soleil, elle s'élève à l'*Est* et disparaît à l'*Ouest*. Elle peut donc servir aussi à déterminer les points cardinaux.

On peut encore les reconnaître au moyen d'une *étoile* qui se montre toujours dans la direction du *Nord*.

C'est l'**Étoile polaire**, qui, pendant bien

Étoile polaire.

L'Étoile polaire

longtemps, a servi aux navigateurs pour diriger leurs navires pendant la nuit.

Les marins emploient aussi la **boussole**, pour savoir vers quel point ils se dirigent.

La **Boussole** est un instrument composé d'une aiguille d'acier aimantée qui se balance sur un pivot très fin. Cette aiguille

Nord.

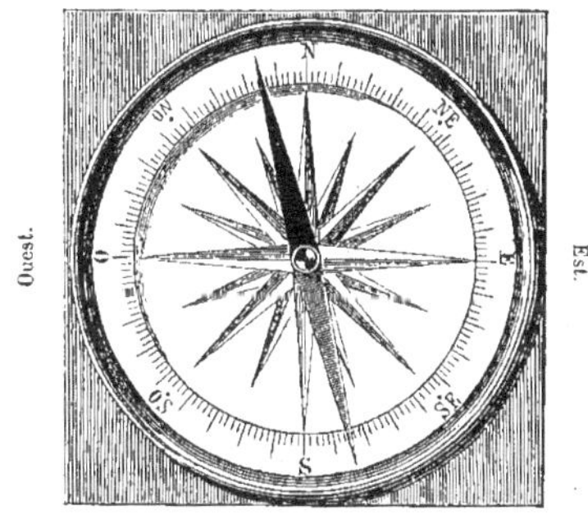

Sud.
Boussole.

se tourne vers le Nord, et, si on l'en écarte, elle revient toujours dans la même direction. De la sorte, les marins n'ont qu'à suivre le mouvement de leur boussole pour se retrouver sur la pleine mer, même quand les nuages ou le brouillard ne leur laissent voir ni le Soleil, ni la Lune, ni les étoiles.

S'orienter, c'est se diriger sur la terre ou sur la mer en se servant des points cardinaux.

Si, par exemple, un point quelconque, village, forêt, montagne, que nous voyons à l'horizon, est du côté où se couche le Soleil, nous disons que cet endroit est à l'Ouest.

Questionnaire.

Quelle est la forme de la Terre ? — Peut-on faire le tour de la Terre ? — Quelle est la longueur de la circonférence de la Terre ? — Qu'est-ce que le ciel ? — Que voit-on dans le ciel ? — Quelle est la forme des astres ? — La Terre est-elle le centre du monde ? — Notre globe est-il immobile ou en mouvement ? — Qu'est-ce que le mouvement de rotation ? — En combien de temps s'accomplit-il ? — Qu'est-ce que le mouvement de révolution ? — En combien de temps s'accomplit-il ? — Pourquoi avons-nous tantôt le jour, tantôt la nuit ? — Comment peut-on déterminer les différents points de l'horizon ? — Combien y a-t-il de points cardinaux ? — Quels sont-ils ? Qu'est-ce que l'Est ? l'Ouest ? le Nord ? le Sud ? — De quel côté la Lune s'élève-t-elle ? — Comment peut-on, sans le Soleil et la Lune, déterminer les points cardinaux ? — Qu'est-ce que la boussole ? — Quand dit-on qu'un point se trouve à l'Ouest ? — Comment pourrait-on arriver jusqu'à un pays situé à l'Ouest ? à l'Est ? au Nord ? au Sud ?

TERRES — MERS — ATMOSPHÈRE

La surface du Globe que nous habitons est partagée en deux parties bien différentes l'une de l'autre : la **terre** et la **mer**. La **terre** proprement dite, le sol qui nous porte, forme la masse solide du Globe ; en certaines parties elle s'élève, en d'autres elle se creuse.

C'est dans les parties creuses que sont rassemblées les eaux de la mer.

La **mer** est un *grand amas d'eau salée*.

La mer est plus ou moins profonde ; sur bien des points le fond est à plusieurs kilomètres au-dessous de la surface. Presque partout l'eau est transparente, d'un bleu ou d'un vert presque noir.

Deux fois par jour à peu près, *un gonflement*, qu'on appelle **marée**, *soulève*, puis *abaisse* la surface des mers. Ce mouvement est produit par le passage de la Lune et du Soleil, qui attirent, puis laissent redescendre les différentes parties de la masse liquide.

De plus, la mer est agitée par de grandes ondulations ou **vagues**, qui, tantôt sont presque insensibles, tantôt s'élèvent à une hauteur considérable, et brisent tout ce qui leur fait obstacle. Enfin, des **courants** froids ou chauds transportent incessamment l'eau des océans d'un point à l'autre. Les courants froids sont souvent chargés de montagnes de glace.

La mer est peuplée d'innombrables poissons, de coquillages, d'animaux étranges.

Entre la Terre et les astres qui nous entourent, l'espace où flottent les nuages semble rempli d'une *lueur bleue.* Cette lueur bleue est produite par l'**air** ou **atmosphère**, qui enveloppe notre globe.

L'air est transparent et très léger.

Sans l'air nous ne pourrions vivre. C'est l'air qui entre dans notre poitrine quand nous respirons. C'est lui qui porte les nuages ; c'est lui qui protège la Terre contre la trop grande chaleur ou le trop grand froid. S'il n'était pas entre nous et le Soleil, nous serions aveuglés et brûlés aussitôt que le Soleil paraîtrait sur l'horizon ; puis nous serions plongés tout d'un coup dans la nuit et dans le froid, aussitôt qu'il aurait disparu.

Lorsque l'air est tranquille, nous ne le sentons pas ; mais, aussitôt qu'il se déplace, il produit le **vent**. Si l'air se déplace lentement, le vent est doux ; mais à mesure que le mouvement augmente, nous sentons le vent devenir plus fort ; et il peut être assez puissant pour soulever violemment les vagues de la mer et briser les arbres.

Les *ouragans*, *trombes*, *cyclones*, sont des mouvements extrêmement violents de l'atmosphère.

Questionnaire.

Comment est partagée la surface du globe ? — Où se trouvent les eaux de la mer ? — Qu'est-ce que la mer ? — Qu'est-ce que la marée ? — A quoi est due la marée ? — Qu'est-ce qu'une vague ? — Un courant ? — La mer est-elle peuplée ? — Qu'est-ce que l'atmosphère ? — Quelle est l'utilité de l'air ? — Que se passerait-il si l'air n'entourait pas notre globe ? — Qu'est-ce que le vent ? — Quels sont les effets du vent violent ? — Qu'est-ce que les ouragans, etc. ?

Zone glaciale.

PREMIÈRE PARTIE

CHAPITRE PREMIER

DES GLOBES ET CARTES GÉOGRAPHIQUES

Pour représenter l'ensemble ou une partie de la surface de la Terre, on se sert des **globes** et des **cartes géographiques**.

Un **globe géographique** est un instrument qui a, en petit, la forme du Globe terrestre, et sur lequel on marque les terres et les mers.

Pour cela, on commence par prendre certaines mesures, qui permettront d'indiquer exactement la place occupée par chaque point.

On détermine d'abord l'emplacement des deux **pôles**. Les deux pôles sont les points par où passe l'**axe** imaginaire *autour duquel tourne* la Terre.

L'un s'appelle **Pôle nord** ou **Arctique**.

L'autre, à l'opposé du premier, s'appelle **Pôle sud** ou **Antarctique**.

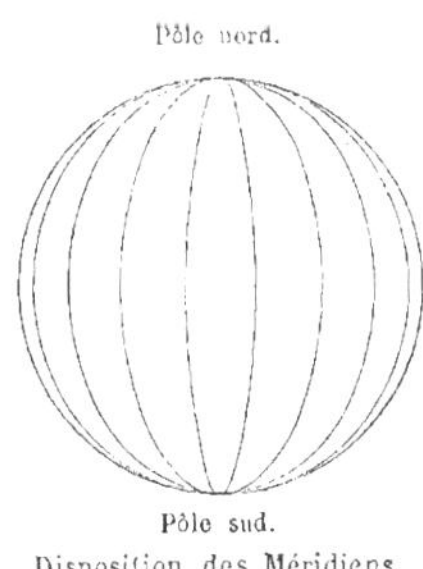

Disposition des Méridiens.

Puis on trace un certain nombre de *cercles* qui se coupent tous aux deux Pôles, exactement comme les côtes d'un ballon ou les quartiers d'une orange se rencontrent au sommet et à la base.

Ces cercles sont appelés **Méridiens**. Ils

correspondent à des mesures prises sur la véritable sphère terrestre.

Pour mesurer le globe du Nord au Sud, on marque, à égale distance des deux Pôles, une ligne circulaire appelée **Équateur**, qui partage le globe en deux *demi-sphères* ou *hémisphères :* l'hémisphère *boréal*, ou hémisphère du nord, et l'hémisphère *austral*, ou hémisphère du sud.

Le premier comprend les parties situées entre l'Équateur et le Pôle nord, le second les parties situées entre l'Équateur et le Pôle sud.

Puis, entre l'Équateur et chacun des Pôles, on trace d'autres cercles qui se rapetissent à mesure qu'ils se rapprochent des extrémités du globe. On peut se figurer ces cercles comme ceux qui séparent une orange quand on la divise en tranches.

Ces lignes circulaires, qui traversent les méridiens, portent le nom de **Parallèles**.

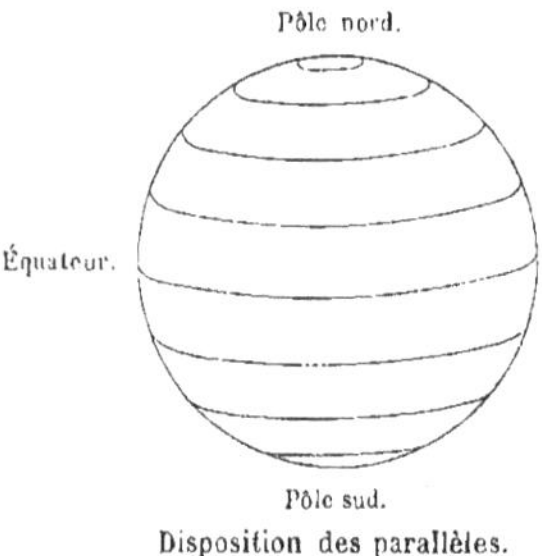

Disposition des parallèles.

Le globe artificiel est ainsi recouvert d'une sorte de réseau formé de **méridiens** et de **parallèles** entre-croisés.

A quelque distance des *deux Pôles*, sont aussi marqués sur le globe deux cercles appelés **cercles polaires**.

A quelque distance de l'*Équateur* sont également marqués, l'un au Nord, l'autre au Sud, deux autres cercles appelés **tropiques**.

Autour de l'*Équateur*, et entre les tropiques, s'étend la **zone torride**; entre les *cercles tropiques* et les *cercles polaires*, se trouvent les **zones tempérées**, et autour des *deux Pôles* les **zones glaciales**.

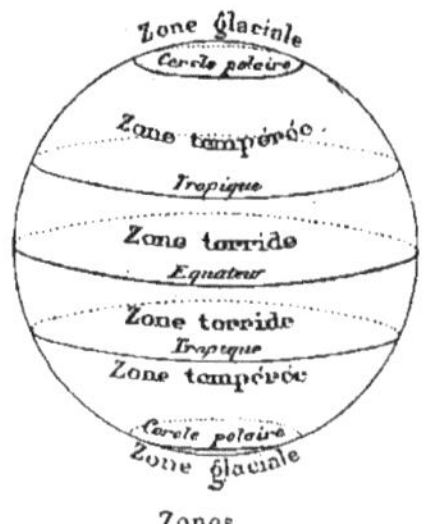

Zones.

A l'aide de ces différentes mesures, on indique sur le globe géographique la place des *terres* et des *mers*, le tracé des *rivières*, la position des *villes*, etc.

CARTES GÉOGRAPHIQUES

On peut aussi représenter la Terre ou une partie de la Terre à l'aide de **cartes géographiques** ou de **plans**.

Pour représenter les différentes parties de la Terre, on dessine les objets *les uns à côté des autres*, et tout *à plat*, comme si on les regardait d'en haut. On obtient ainsi un **plan** ou une **carte**.

Un **plan** représente ce qui se trouve dans un petit espace, comme une maison, un jardin, une ville.

Une **carte** représente une étendue beaucoup plus considérable, comme les environs de la ville, ou un pays, ou plusieurs pays, ou même toute la surface de la Terre.

Pour bien nous figurer le dessin d'une carte de géographie ou d'un plan, imaginons-nous des choses que nous pouvons voir tous les jours : la place publique d'un village, par exemple, avec la *halle* H; une *Fontaine* F;

un *pont* P, traversant une *rivière* R. Le clocher est sur la gauche (fig. 1).

Fig. 1.

Si nous nous élevons sur ce clocher, nous apercevrons le paysage d'en haut, *et il commencera à nous apparaître de plus en plus obliquement* (fig. 2).

Fig. 2.

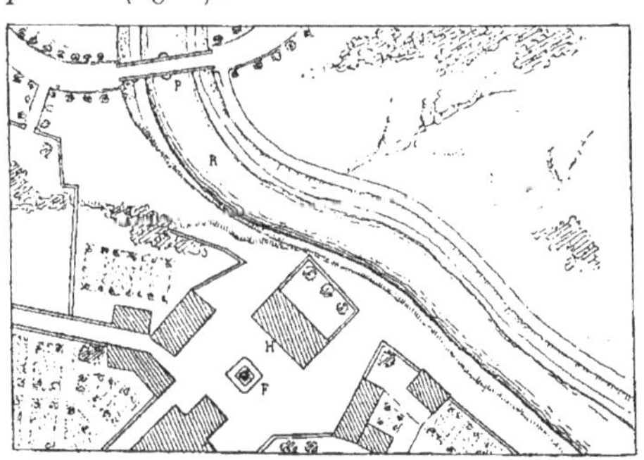

Fig. 3.

Si maintenant nous montions en ballon et si nous passions exactement au-dessus de la place, nous la verrions *en plan*, c'est-à-dire sous l'aspect d'une *carte géographique* où *tout est comme aplati* (fig. 3).

Les **cartes** peuvent être plus ou moins grandes par rapport aux objets; ce rapport, c'est ce qu'on appelle l'**échelle** de la carte. Plus la carte représente d'espace sur la même feuille, plus l'échelle doit être petite, et plus chaque objet se rapetisse et se simplifie.

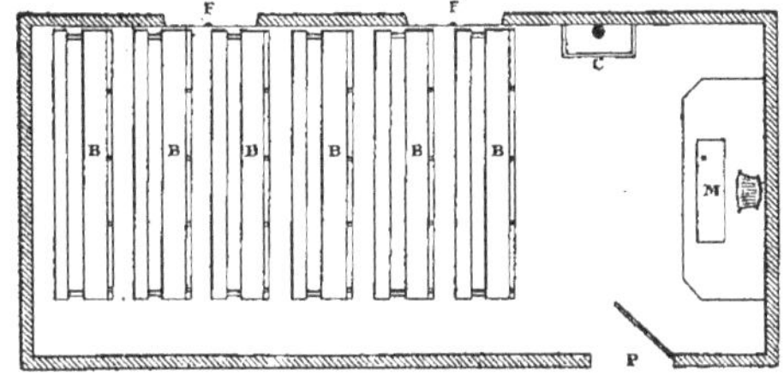

Fig. 4. — Salle d'école.

Voici le plan d'une classe, avec ses *bancs* B, le *pupitre du maître* M, le *poêle* ou *cheminée* C, les *fenêtres* F, la *porte* P (fig. 4).

Si nous voulons représenter sur la même feuille *toute la maison* qui contient cette salle, et le *jardin* qui est à côté, la salle au lieu de remplir toute la feuille n'en prendra plus qu'une partie, et l'on ne pourra plus figurer que les lignes des murs (fig. 5).

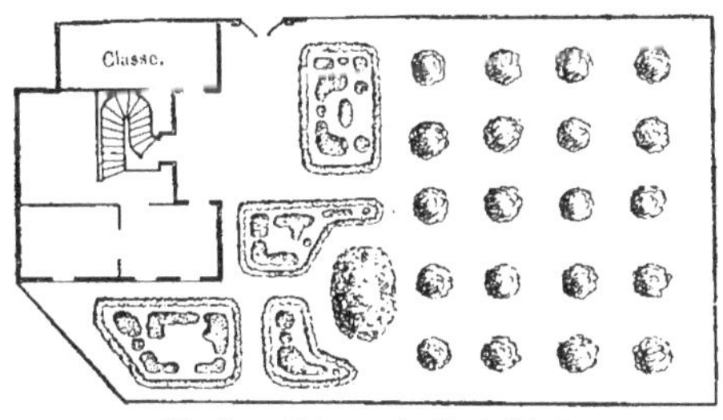

Fig. 5. — Maison et jardin de l'école.

Si nous représentons *toute la ville*, la chambre disparaîtra et nous ne verrons plus que la maison et le jardin. Si, enfin, autour de la ville nous représentons *tout le pays* environnant, c'est la ville qui à son tour se rapetissera, et l'on ne verra plus du tout la maison. Si l'échelle devient plus petite encore, la *ville* entière finira par être représentée par un *simple point*. Elle pourra même disparaître complètement, si elle n'est pas très importante.

Ville où se trouve la maison.

On a pris l'habitude d'orienter les cartes en mettant toujours les points cardinaux à la même place : le **Nord** en haut ; le **Sud** en bas ; l'**Est**, à droite ; l'**Ouest**, à gauche.

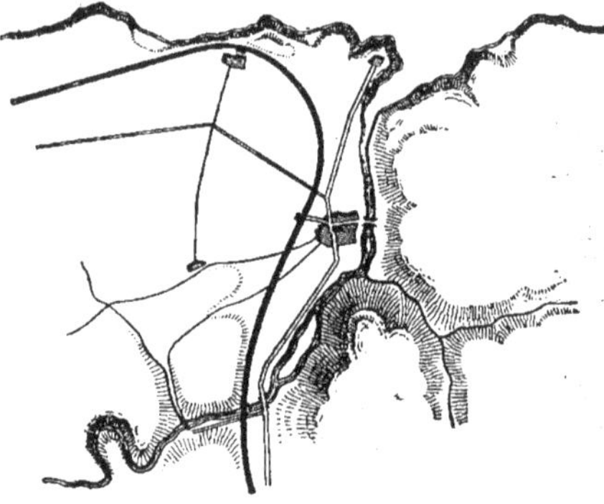

Pays où se trouve la ville.

Questionnaire.

De quoi se sert-on pour représenter l'ensemble ou une partie de la surface de la Terre ? — Qu'est-ce qu'un globe géographique ? — Qu'est-ce que les Pôles ? le Pôle nord ? le Pôle sud ? — Qu'est-ce que les méridiens ? — Qu'est-ce que l'Équateur ? — Qu'est-ce que l'hémisphère boréal, l'hémisphère austral ? — Qu'est-ce que les parallèles ? — Qu'est-ce que les cercles polaires ? les tropiques ? — Où est la zone torride ? — Où sont les zones tempérées ? les zones glaciales ? — Qu'est-ce qu'une carte géographique ? — Qu'est-ce qu'un plan ? — Qu'est-ce que l'échelle d'une carte ? — Que se passe-t-il à mesure que l'échelle devient plus petite ? — Où met-on toujours les points cardinaux sur les cartes ?

Côtes de la Méditerranée à Collioure.

CHAPITRE II

FORMES DES TERRES ET DES MERS

Les différentes parties de la surface du Globe présentent des formes diverses, et il y a des noms spéciaux pour celles de ces formes qui se reproduisent le plus fréquemment.

NOMS RELATIFS AUX MERS ET AUX CÔTES

On appelle **côte**, **rivage**, ou **littoral** la partie de la terre qui forme le bord de la mer.

Un **golfe** est une *partie de mer qui pénètre dans les terres*. Un petit golfe s'appelle **baie** ou **anse**. Une **rade**, un **havre**, sont des *endroits abrités où peuvent s'arrêter les navires*.

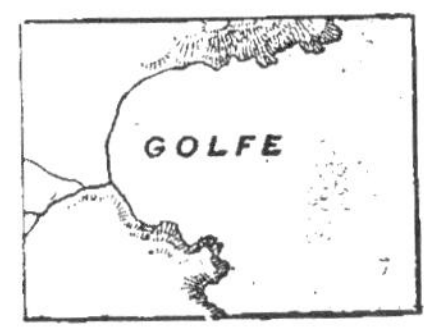

Golfe.

Un **détroit** est une *partie de mer resserrée entre deux terres* et faisant communiquer deux espaces l'un avec l'autre.

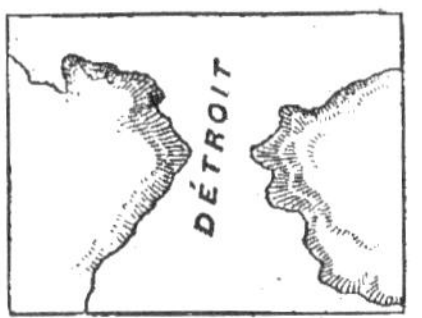

Détroit.

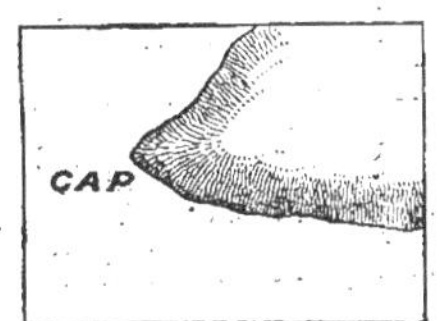

Cap.

Un **cap** est une *partie de terre qui se pro-*

longe au milieu des eaux. Le cap est quelquefois appelé **pointe** ou **promontoire**.

Une **île** est une *partie de terre complètement entourée d'eau.*

Ile.

Un **archipel** est un *groupe d'îles.*

Un *îlot* est une très petite île.

Une **presqu'île** ou **péninsule** est une *partie de terre presque entièrement entourée d'eau;* c'est presque une île, mais elle est reliée à la terre par un côté. Ce côté peut être large ou étroit.

Presqu'île.

Un **isthme** est une *partie de terre resserrée entre deux parties de mers,* et rattachant l'une à l'autre deux terres.

NOMS RELATIFS AUX TERRES

Entre les mers s'étend la **terre ferme,** dont les formes sont très variées.

On donne le nom de *relief du sol* à l'ensemble des mouvements du terrain. Ce nom de *relief* rend bien l'aspect des pays, qui se *relèvent* en masses plus ou moins considérables au-dessus du fond ou du niveau de la mer.

Une **plaine** est une *étendue de terrain à peu près plate et peu élevée.*

Un **plateau** est une étendue également *plate, mais élevée au-dessus des plaines.*

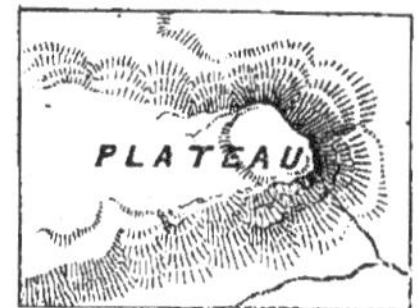

Plateau.

On appelle **montagnes** les *grandes inégalités de terrain qui s'élèvent, avec des pentes plus ou moins rapides,* au-dessus des plateaux et des plaines.

Les montagnes ne sont presque jamais isolées, mais elles forment le plus souvent de *longues rangées de hauteurs* qu'on appelle **chaînes de montagnes**, et qui peuvent couvrir une surface considérable.

Chaîne de montagnes.

La **cime** d'une montagne en est le point le plus élevé.

D'après leur forme, les sommets des montagnes portent les noms de **pics**, **dômes**, **tours**, etc.

Une **arête** est une ligne tranchante qui domine deux pentes opposées.

Une **colline** est une *montagne de très pe-*

tite dimension. Une *petite colline*, ou le *penchant d'une colline*, s'appelle un *coteau*.

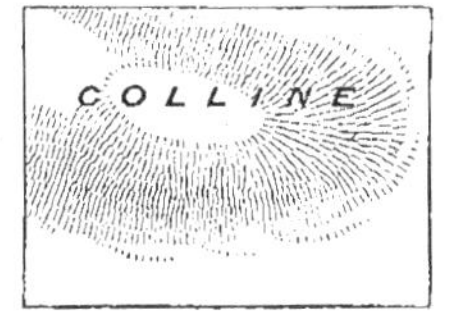

Colline.

On nomme **vallées** les *portions du sol enfermées entre des parties plus élevées*.

Un **vallon** est une *petite vallée*.

Vallée.

Une **gorge** ou un **défilé** est un *passage de vallée très resserré*.

On nomme **col** un *passage entre deux cimes d'une vallée à une autre*.

Un **volcan** est une *montagne qui rejette*

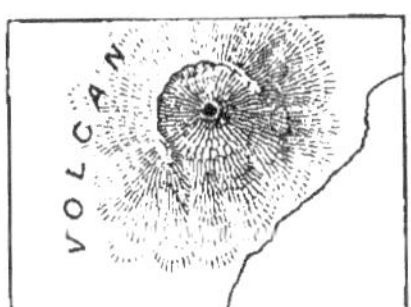

Volcan.

des matières enflammées ou liquides venant de l'intérieur du Globe. Les *bouches des volcans* s'appellent **cratères**.

On appelle **déserts** les parties de la Terre où l'homme ne peut pas habiter. La plupart des déserts sont couverts de sable ou de rochers et ne reçoivent pas de pluie, ce qui empêche les plantes d'y croître.

Les **landes** ou **steppes** sont des plaines couvertes d'herbages ou de buissons.

NOMS RELATIFS AUX COURS D'EAU

Les **eaux** qui arrosent la terre ferme sont toutes fournies par la mer.

Produites par l'évaporation continuelle de la mer, et élevées dans l'atmosphère sous la forme de nuages, ces eaux retombent en pluie ou en neige sur les plaines et sur les montagnes.

Tantôt elles s'enfoncent dans le sol pour rejaillir plus loin, tantôt elles s'écoulent immédiatement à la surface. Dans tous les cas, elles donnent naissance aux *cours d'eau*, qui parcourent les vallées et les plaines, et retournent enfin se perdre dans la mer.

Ainsi, l'eau circule perpétuellement autour du Globe, s'élevant en vapeurs du grand réservoir de la mer, pour y rentrer après avoir arrosé et fertilisé la surface des continents.

Neiges persistantes.

Sur les hautes montagnes, d'où descendent la plupart des grands fleuves, l'eau tombe le plus souvent en **neige**. Cette neige ne fond pas en entier pendant l'été ; aussi, à partir d'une certaine hauteur, ces montagnes sont-elles couvertes de **neiges persistantes**.

Les **glaciers** sont de *grands amas de neige durcie et transformée en glace*, qui remplissent certaines vallées dans les hautes montagnes. Les glaciers sont souvent très épais, ils sont entrecoupés de profondes *crevasses*, et se fondent par en bas tandis qu'ils se renouvellent sans cesse par en haut.

Une **source** est une *ouverture*, par laquelle la terre laisse échapper une certaine

Glacier.

quantité d'eau. Une source peut aussi provenir d'un glacier ou d'une masse de neige.

La **source** *d'un cours d'eau* est donc *le point où il apparaît au jour*.

Un **ruisseau** est un faible cours d'eau.

Une **rivière** est un cours d'eau plus considérable. Elle n'est souvent que la réunion de plusieurs ruisseaux.

Rivière.

Un **fleuve** est une rivière qui se jette dans la mer.

La **rive droite** est celle qu'on a à sa droite en descendant le courant de l'eau. La **rive gauche** est celle qu'on a à sa gauche.

On appelle **affluents** les cours d'eau qui viennent porter leurs eaux à un autre cours d'eau plus considérable.

On nomme **confluent** le point de réunion de deux cours d'eau.

Un **bassin** est l'*espace de terrain dont les eaux vont se rassembler dans un même cours d'eau*. Les **ruisseaux** ont de petits bassins; les **rivières**, des bassins plus grands; et tous ces bassins réunis forment généralement un bassin de **fleuve**.

On nomme **versant** *l'ensemble des pentes de montagnes, de plateaux ou de plaines qui versent leurs eaux du même côté.*

L'**embouchure** d'un cours d'eau est *le point où il débouche dans la mer ou dans un lac*. Une embouchure très large, et qui ressemble à un golfe, s'appelle un **estuaire.**

Un **delta**, au contraire, est une embouchure partagée en plusieurs bras qui vont rejoindre la mer chacun de son côté.

Delta

Un **torrent** est un *cours d'eau qui descend des montagnes avec une pente très rapide et qui donne tantôt beaucoup, tantôt fort peu d'eau.*

On nomme **chute**, **cascade**, **cataracte**, une masse d'eau qui tombe brusquement d'une certaine hauteur.

Un **rapide** est une chute qui se produit en glissant *rapidement* sur un plan incliné.

Les fleuves, rivières, ruisseaux, torrents, avec leurs cascades ou leurs rapides, forment les *eaux courantes*.

Un **lac** est une *masse d'eau entourée de terre de tous côtés.*

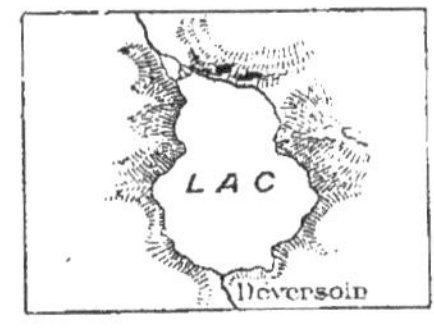

Lac.

On appelle **étang** un *bassin en forme de lac, mais généralement peu profond et peu étendu.*

On appelle **déversoir** le point par lequel certains lacs ou étangs *déversent* le trop-plein de l'eau qu'ils reçoivent.

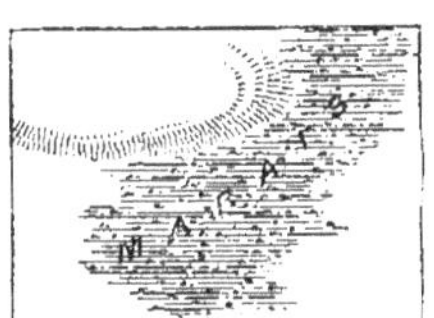

Marais.

Un **marais** est une plaine recouverte d'eau stagnante sans écoulement et sans profondeur.

Questionnaire.

Qu'est-ce que la côte? — Qu'est-ce qu'un golfe? un détroit? un cap? une île? un archipel? une presqu'île? un isthme? — Qu'est-ce que la terre ferme? — Qu'est-ce que le relief du sol? — Qu'est-ce qu'une plaine? un plateau? — Montrez la différence entre une plaine et un plateau. — Qu'est-ce que les montagnes? les montagnes sont-elles isolées? — Qu'est-ce que la cime d'une montagne? — Quels sont les noms principaux donnés aux sommets de montagnes? — Pourquoi ces noms sont-ils différents? — Qu'est-ce qu'une arête? — Qu'est-ce qu'une colline? — Qu'est-ce qu'une vallée? une gorge? un col? — Qu'est-ce qu'un volcan? — Comment s'appelle la bouche d'un volcan. — D'où viennent les eaux qui arrosent la terre ferme? — Montrez comment les eaux viennent de la mer et y retournent? — Est-ce de la pluie ou de la neige qui tombe sur les hautes montagnes? — Cette neige fond-elle? — Quel nom porte-t-elle? — Qu'est-ce que les glaciers? — Qu'est-ce qu'une source? un ruisseau? une rivière? un fleuve? — Qu'est-ce que la rive droite? la rive gauche? — Qu'appelle-t-on affluent? confluent? — Qu'est-ce qu'un bassin? — Les ruisseaux ont-ils un bassin? — Qu'est-ce qu'un versant? — Quelle est la différence entre le bassin et le versant? — Qu'est-ce que l'embouchure d'un fleuve? — Qu'est-ce qu'un delta? — Donnez les autres noms que portent souvent la côte, le cap, le golfe, la presqu'île, etc... — Qu'est-ce qu'un torrent? — Qu'est-ce qu'un lac? un étang? un marais? — Cherchez sur les cartes un fleuve, un confluent, un affluent, etc....

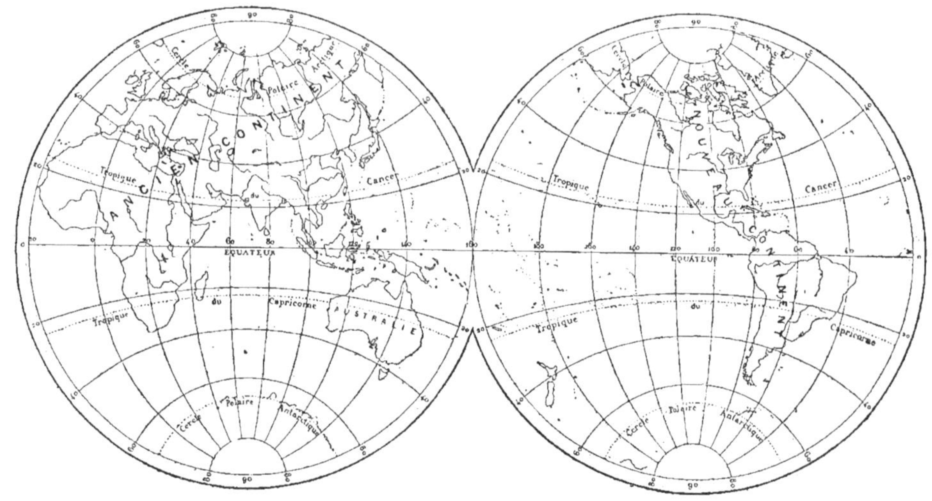

Les continents.

CHAPITRE III

CONTINENTS, PARTIES DU MONDE, OCÉANS

La mer enveloppe toutes les terres, et forme ainsi les *continents* ou les *îles*.

Les continents sont au nombre de *trois;* ce sont : l'**Ancien continent**, le **Nouveau continent** et le **Continent australien** ou **Australie.**

On divise, en outre, les terres habitées en *cinq* parties, qui portent le nom de **Parties du Monde.** Ce sont :

L'**Europe**;
L'**Asie** ;
L'**Afrique**;
L'**Amérique**;
L'**Océanie.**

L'*Ancien continent,* qui est le plus grand des trois, contient à lui seul trois parties du monde :

L'**Europe**, à l'Ouest;
L'**Asie**, à l'Est;
L'**Afrique**, au Sud-Ouest.

Le *Nouveau continent* comprend l'**Amérique.**

Le *Continent australien* et les *îles* qui s'y rattachent forment l'**Océanie.**

On nomme **Océans** les grands espaces de mer compris entre les continents ou entre les différentes parties du monde.

Il y a *cinq* grands **Océans** qui communiquent tous entre eux et ne sont, en réalité, que

MAPPEMONDE.

OCÉAN GLACIAL ARCTIQUE
ATLANTIQUE
Cercle Polaire Arctique
EUROPE
ASIE
AFRIQUE
Tropique du Cancer
ÉQUATEUR
OCÉAN
OCÉAN INDIEN
Tropique du Capricorne
OCÉANIE
AUSTRALIE
OCÉAN PACIFIQUE
Cercle Polaire Antarctique
OCÉAN GLACIAL ANTARCTIQUE
OCÉAN GLACIAL ARCTIQUE
Cercle Polaire Arctique
OCÉAN PACIFIQUE
AMÉRIQUE
OCÉAN ATLANTIQUE
Tropique du Cancer
ÉQUATEUR
OCÉANIE
Tropique du Capricorne
Cercle Polaire Antarctique
OCÉAN GLACIAL ANTARCTIQUE

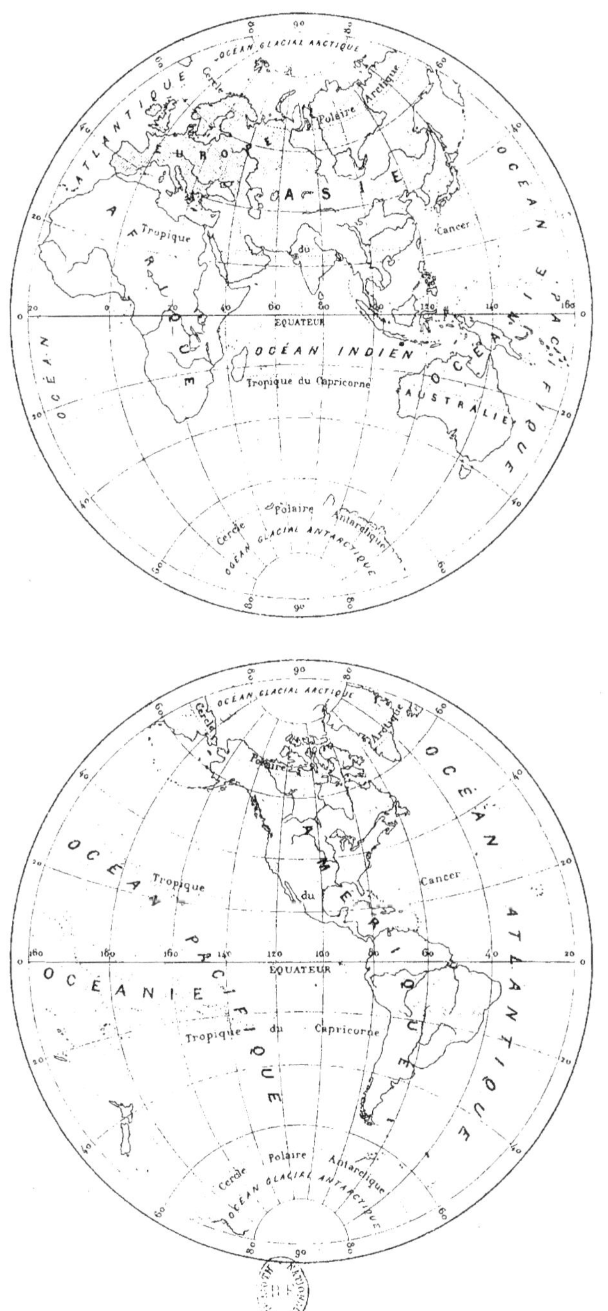

HÉMISPHÈRE BORÉAL

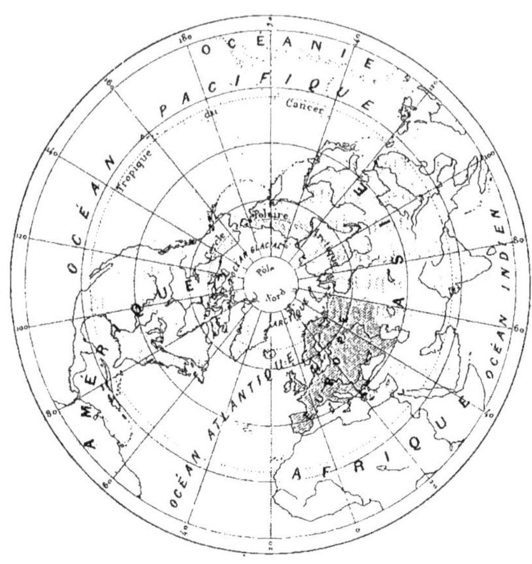

HÉMISPHÈRE AUSTRAL

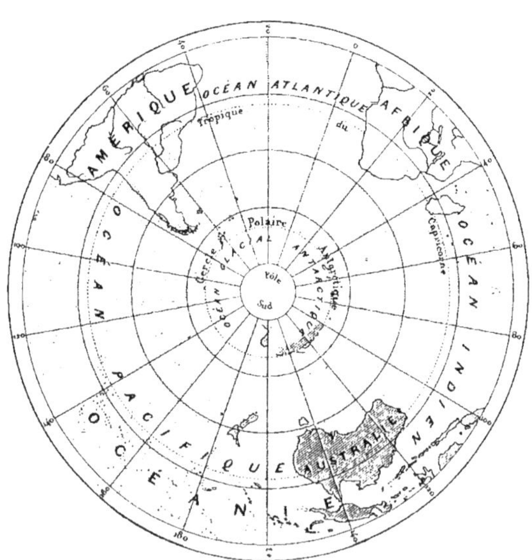

cinq parties différentes de la grande masse des mers. Ce sont : l'**Océan Glacial du Nord** ;

L'**Océan Glacial du Sud** ;

L'**Océan Atlantique** ;

L'**Océan Pacifique** ;

L'**Océan Indien**.

L'*Océan Glacial du Nord* et l'*Océan Glacial du Sud* sont situés aux points opposés du globe, autour des pôles ; le premier autour du *pôle nord*, le second autour du *pôle sud*. Leur nom vient de la température extrêmement froide de leurs eaux, qui sont presque continuellement gelées à la surface.

L'*Océan Pacifique* est le plus grand de tous ; c'est la partie de mer située entre l'*Asie*, l'*Amérique* et le *Continent australien* ; il contient un très grand nombre d'îles.

L'*Océan Atlantique* est situé entre l'*Amérique*, l'*Europe* et l'*Afrique* ; c'est le plus fréquenté par les navires.

L'*Océan Indien* est situé entre l'*Asie*, l'*Afrique* et le *Continent australien*.

Les **Océans** forment, en s'enfonçant dans l'intérieur des continents, des *mers secondaires*, dont quelques-unes sont importantes. Telle est la mer **Méditerranée**, qui borne le Sud de l'Europe, l'Ouest de l'Asie, le Nord de l'Afrique, et pénètre ainsi dans l'intérieur de l'Ancien continent.

La surface du globe couverte par les **eaux** est à peu près *trois fois plus grande* que celle qui est composée de **terre ferme**.

Répartition des terres et des eaux sur le Globe.

Les terres et les mers ne sont pas, d'ailleurs, réparties également. La plus grande portion des mers se trouve dans l'*hémisphère sud* ou *austral* ; la plus grande masse des terres se trouve dans l'*hémisphère nord* ou *boréal*.

L'*Asie*, l'*Europe* et l'*Amérique du Nord* sont *tout entières* dans l'*hémisphère boréal* ; la plus grande partie de l'*Afrique* et une partie de l'*Amérique du Sud* s'y trouvent aussi.

L'*hémisphère austral* ne contient donc que le *Continent australien*, une partie de l'*Afrique* et les *trois quarts* à peu près de l'*Amérique du Sud*.

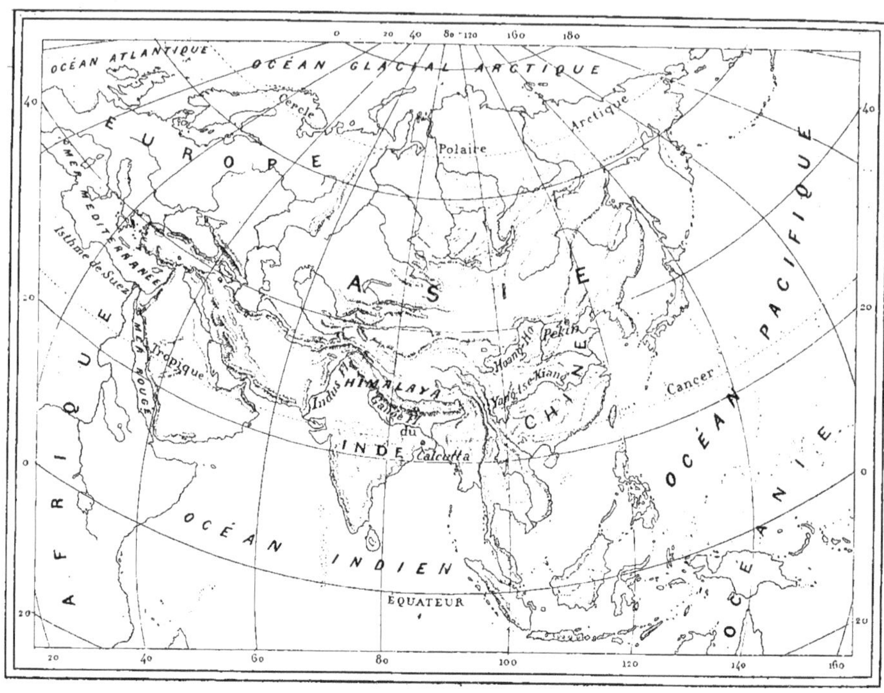

Asie.

DESCRIPTION DES CINQ PARTIES DU MONDE

L'**Asie**, la plus considérable des cinq parties du monde, est enveloppée de trois côtés par la mer : au Nord, par l'**Océan Glacial** du Nord ; à l'Est, par l'**Océan Pacifique**, au Sud, par l'**Océan Indien**. Elle s'étend au Nord-Est jusque dans le voisinage de l'Amérique, dont elle est séparée par un détroit resserré.

A l'Ouest, elle touche à l'Europe par une large bande de terrain, à l'Afrique par l'isthme de Suez, que coupe aujourd'hui un canal.

L'Asie possède *les plus hautes montagnes du globe, les monts* **Himalaya**. Tout le centre de cette partie du monde n'est qu'un amoncellement de grandes chaînes, souvent couvertes de neige et entrecoupées de grands plateaux presque déserts.

Les fleuves les plus importants de l'Asie sont : le *Hoang-Ho* et le *Yang-tsé-Kiang*, vers l'Océan Pacifique, le *Gange* et l'*Indus* vers l'Océan Indien.

Parmi les peuples qui habitent l'Asie, il faut citer avant tout les *Chinois*, le plus nombreux de tous les peuples, qui habitent la **Chine**, à l'Est. La capitale de la Chine est **Pékin**. Les Chinois et les peuples voisins ont le teint jaune et les cheveux noirs.

Les Européens ont fondé en Asie de grands empires ; les Russes dans le Nord ; les Anglais au Sud dans l'**Inde**. La capitale de l'empire anglais des Indes est **Calcutta**.

Asie : La plus haute montagne du monde.

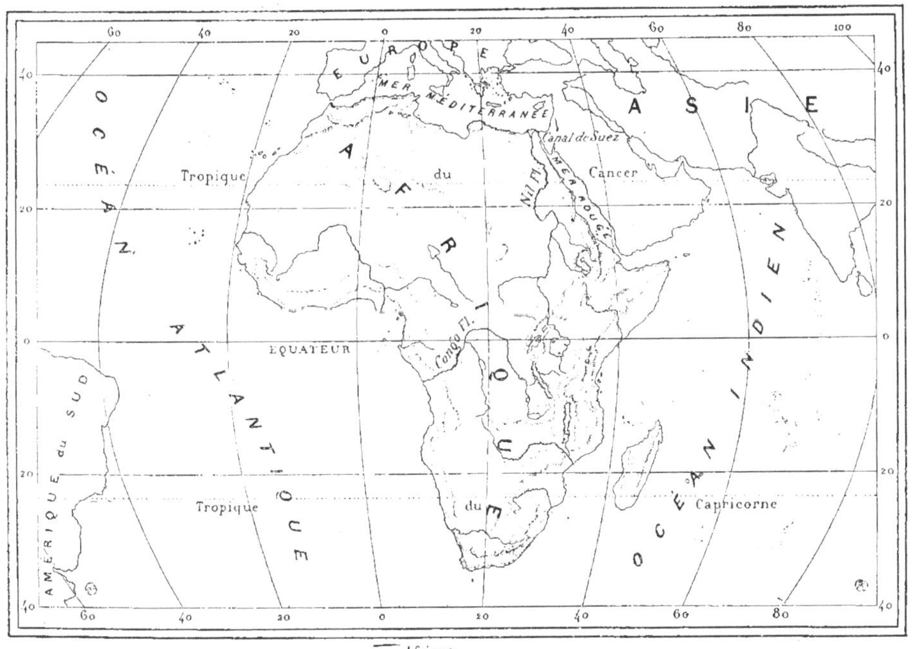

Afrique.

L'**Afrique** est enveloppée par quatre mers : au Nord, par la **mer Méditerranée**; à l'Ouest et au Sud, par l'**Atlantique**; à l'Est, par l'**Océan Indien** et la **mer Rouge**.

Elle est devenue une espèce d'île, depuis que le canal de **Suez** la sépare de l'Asie.

Dans le Nord et dans le Sud de l'Afrique, il y a de *grands déserts*, mais le centre de cette partie du monde est traversé par de grands fleuves, parsemé de montagnes et de vastes lacs, et couvert de végétation. C'est à peine si le centre de l'Afrique est connu depuis quelques années.

Afrique : Une vue dans le désert.

Les plus grands fleuves de l'Afrique sont : le *Nil*, qui coule vers la mer Méditerranée, le *Congo*, ou *fleuve Livingstone*, qui coule vers l'Atlantique.

L'Afrique est principalement habitée par des **nègres**, à la peau noire et aux cheveux crépus. Les Européens y sont établis sur plusieurs points.

L'**Amérique** est divisée en deux parties : l'**Amérique du Nord** et l'**Amérique du Sud**. Elles sont reliées l'une à l'autre par l'**isthme de Panama**, des deux côtés duquel l'Atlantique et le Pacifique se touchent presque, et qui va sans doute être percé, comme l'a déjà été l'isthme de Suez

Les deux **Amériques** sont enveloppées par quatre mers : au Nord et au Sud, par les deux **Océans Polaires**; à l'Ouest, par l'**Océan Pacifique**; à l'Est, par l'**Océan Atlantique**.

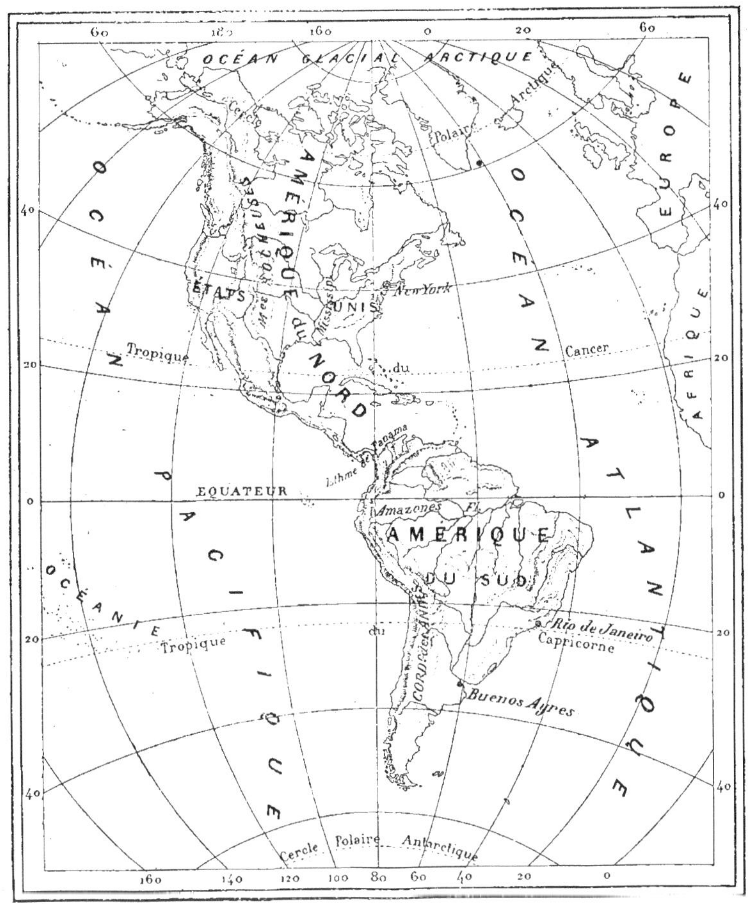

Amérique.

Une *grande chaîne de montagnes*, qui porte les noms de **Montagnes Rocheuses** au Nord et de **Cordillère des Andes** au Sud, parcourt dans toute leur longueur les deux parties de l'Amérique.

L'Amérique du Nord possède de grands fleuves, le *Saint-Laurent*, qui sort de cinq lacs immenses, et le *Mississipi;* le plus grand fleuve de l'Amérique du Sud est le *fleuve des Amazones*.

L'Amérique contient des villes aussi importantes que les plus grandes villes d'Europe, comme **New-York** dans l'Amérique septentrionale, **Rio-Janeiro** et **Buenos-Ayres** dans l'Amérique méridionale.

La contrée la plus peuplée est la république des **États-Unis**, dans l'Amérique du Nord.

L'Amérique, avant d'être découverte par Christophe Colomb, était habitée par des

Amérique Cataracte du Niagara.

peuples à la peau rougeâtre. Depuis cette époque, les Européens y sont allés en grand nombre, et aujourd'hui ils forment la plus grande partie de la population.

Paysage dans une île d'Océanie.

L'**Océanie** comprend non seulement le **continent australien,** mais un nombre considérable d'**îles** plus ou moins grandes, qui sont semées dans l'**Océan Pacifique**.

L'Australie n'a pas de grandes montagnes

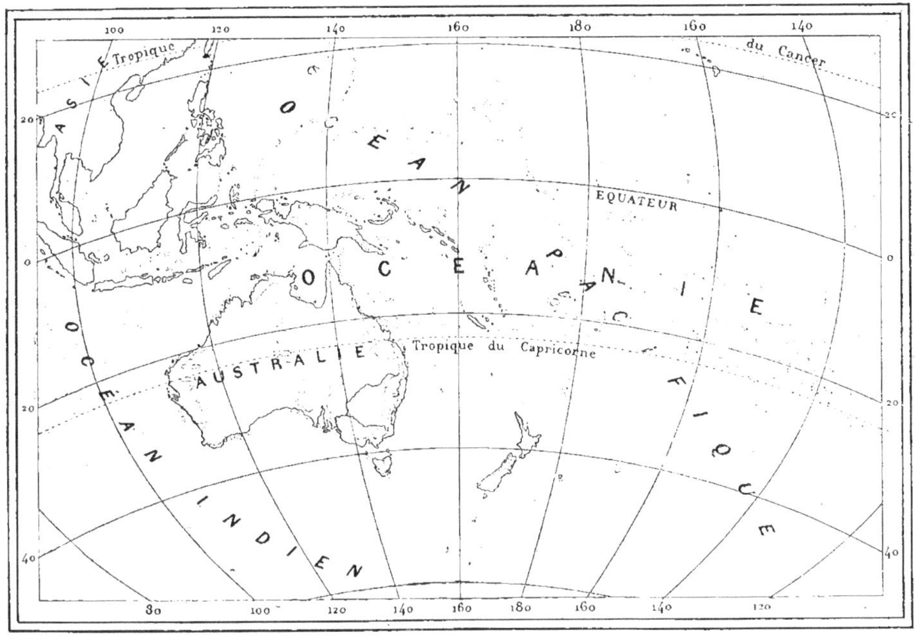

Océanie.

ni de grands fleuves. Ses habitants primitifs sont des *sauvages* dont la peau est brune; mais là comme en Amérique, les Européens se sont portés en foule et ont déjà fondé de grandes villes.

L'**Europe** est située dans l'hémisphère boréal. Elle est limitée de trois côtés par la mer : au Nord, par l'**Océan Glacial du Nord**; à l'Ouest, par l'**Océan Atlantique**; au Sud, par la **mer Méditerranée**; à l'Est, elle est rattachée à l'*Asie* par une large bande de terrain.

Au Sud-Ouest, elle est séparée de l'*Afrique* par le détroit de *Gibraltar*, qui fait communiquer l'Atlantique avec la Méditerranée.

A l'Ouest enfin, elle fait face à l'*Amérique*, située de l'autre côté de l'Océan Atlantique.

Elle est *quatre fois moins grande* que l'Asie, *trois fois moins grande* que l'Afrique, *deux fois moins grande*, ou peu s'en faut, que chacune des deux Amériques; un *peu plus grande* que le continent australien.

Malgré son peu d'étendue, c'est la plus importante de toutes les parties du monde, et celle où la civilisation s'est le plus développée.

L'Europe a l'avantage d'être située presque en entier dans la **zone tempérée,** c'est-à-dire *à peu près à égale distance du Pôle nord et de l'Équateur;* elle a ainsi, à l'exception de ses régions septentrionales, un climat relativement doux.

Les mers intérieures de l'Europe sont : la **mer Blanche** au Nord ;

La **mer du Nord** et la **mer Baltique,** au Nord-Ouest;

Au Sud, la **mer Méditerranée,** qui forme à son tour la **mer Noire**;

La **mer Caspienne,** qui est isolée de toutes les autres mers, et qui se creuse entre l'*Europe* et l'*Asie.*

Les principales chaînes de montagnes d'Europe sont :

Les **Alpes** au centre, les **Pyrénées** à l'Ouest, les **Carpathes** à l'Est des Alpes, et le **Caucase** entre la *mer Noire* et la *mer Caspienne.*

Les principaux fleuves sont :

L'**Elbe** et le **Rhin,** qui coulent vers la *mer du Nord;* le **Rhône,** qui coule vers la *Méditerranée;* le **Danube,** vers la *mer Noire,* et le **Volga,** vers la *mer Caspienne.*

Questionnaire.

Combien y a-t-il de continents? Quels sont-ils? — Qu'est-ce que les parties du monde? Quelles sont-elles? — Combien y a-t-il de parties du monde dans l'ancien continent? Quelles sont-elles? — Quelle est la partie du monde que comprend le nouveau continent? — Qu'est-ce que l'Océanie? — Quelle est la différence entre l'Océanie et l'Australie? — Marquez sur le globe la place de chaque continent, de chaque partie du monde. — Qu'est-ce que les Océans? — Combien y a-t-il d'Océans? Nommez-les. — Marquez sur le globe la place de chaque Océan? — Qu'est-ce qu'une mer secondaire? — Quelle est la plus importante des mers secondaires? Où est-elle? — Y a-t-il plus de terre ferme que d'eaux? — Où se trouve la plus grande partie des terres? — Quelles sont les parties du monde ou portions de parties du monde qui se trouvent au Nord de l'équateur? au Sud? — Quel est l'hémisphère qui contient le plus de terre? celui qui contient le plus de mer? — Dans quel hémisphère est l'Asie? — Quelles sont les mers qui l'enveloppent? — Quelle est la partie du monde voisine de l'Asie au Nord-Est? — Comment l'Asie est-elle rattachée à l'Afrique à l'Ouest? — L'Asie est-elle séparée de l'Europe? — Quelles sont les plus hautes montagnes de l'Asie? — Les principaux fleuves? — Les principaux pays? — Que sont les Chinois? — Quelles sont les mers qui enveloppent l'Afrique? — L'Afrique est-elle tout entière dans l'hémisphère boréal? — Qu'est-ce que le canal de Suez? — Quels sont les principaux fleuves de l'Afrique? — Quels sont les habitants les plus nombreux de l'Afrique? — L'Amérique est-elle divisée? — Quelle est la partie de l'Amérique qui est dans l'hémisphère boréal? — Comment les deux parties de l'Amérique sont-elles reliées l'une à l'autre? — Quelles sont les mers qui enveloppent l'Amérique? — Nommez les montagnes, fleuves, pays principaux de l'Amérique. — Qu'est-ce que l'Océanie? où se trouvent le continent et les îles qui la composent? — Dans quel hémisphère est le Continent australien? — Toute l'Océanie est-elle dans l'hémisphère du Sud? — Exercez-vous à montrer sur le globe ou sur la carte les parties du monde, à voir de quelles autres parties du monde elles se trouvent le plus voisines, soit par le Nord, soit par le Sud, soit par l'Ouest, soit par l'Est. — Tracez les grandes lignes à parcourir sur le globe, pour aller soit par terre, soit par mer, d'un continent à l'autre, ou d'une extrémité à l'autre d'un même continent. — Observez les différences de grandeur des diverses parties du monde. — Dans quel hémisphère est l'Europe? — Quelles sont les mers qui la limitent? — Comment est-elle séparée de l'Afrique? — Quelle est la partie du monde qui se trouve en face de l'Europe de l'autre côté de l'Atlantique? — Comparez sur la Mappemonde la grandeur de l'Europe à celle des autres parties du monde. — Dans quelle zone est l'Europe? — Nommez les principales montagnes, les fleuves, mers et pays de l'Europe.

EUROPE

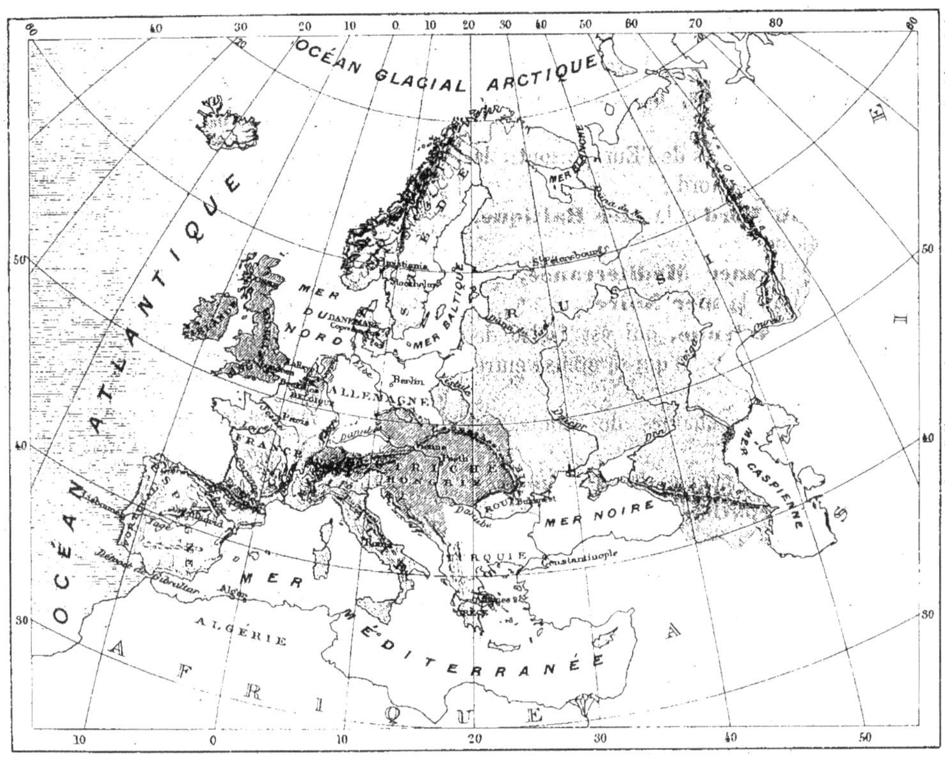

ÉTATS PRINCIPAUX DE L'EUROPE

L'**Europe** contient des États de grandeur très inégale.

Les principaux sont :

A l'Est : la **Russie**, capitale *Saint-Pétersbourg*.

La **Roumanie**, capitale *Bukarest*.

Au Nord : les **États scandinaves** (Suède-Norvège), capitales *Stockholm* et *Christiania*.

Le **Danemark**, capitale *Copenhague*.

Au Centre : l'empire d'**Allemagne**, capitale *Berlin*.

L'empire d'**Autriche-Hongrie**, capitales *Vienne* et *Pesth*.

La **Belgique**, capitale *Bruxelles*.

La **Hollande**, capitale *La Haye*.

La **Suisse**, capitale *Berne*.

A l'Ouest : le **royaume uni d'Angleterre, Écosse, Irlande**, capitale *Londres*.

La **France**, capitale *Paris*.

Au Sud-Ouest : l'**Espagne**, capitale *Madrid*.

Le **Portugal**, capitale *Lisbonne*.

Au Sud : l'**Italie**, capitale *Rome*.

La **Grèce**, capitale *Athènes*.

La **Turquie**, capitale *Constantinople*.

Remarques : Les États du Sud sont tournés vers l'Afrique, dont les sépare la Méditerranée, et vers une partie de l'Asie.

Les États de l'Ouest sont tournés surtout vers l'Amérique, dont les sépare l'Océan Atlantique.

Les côtes septentrionales sont tournées en partie vers l'Océan Glacial, dont la navigation est toujours difficile, et pendant une partie de l'année impossible.

FRANCE, LIMITES

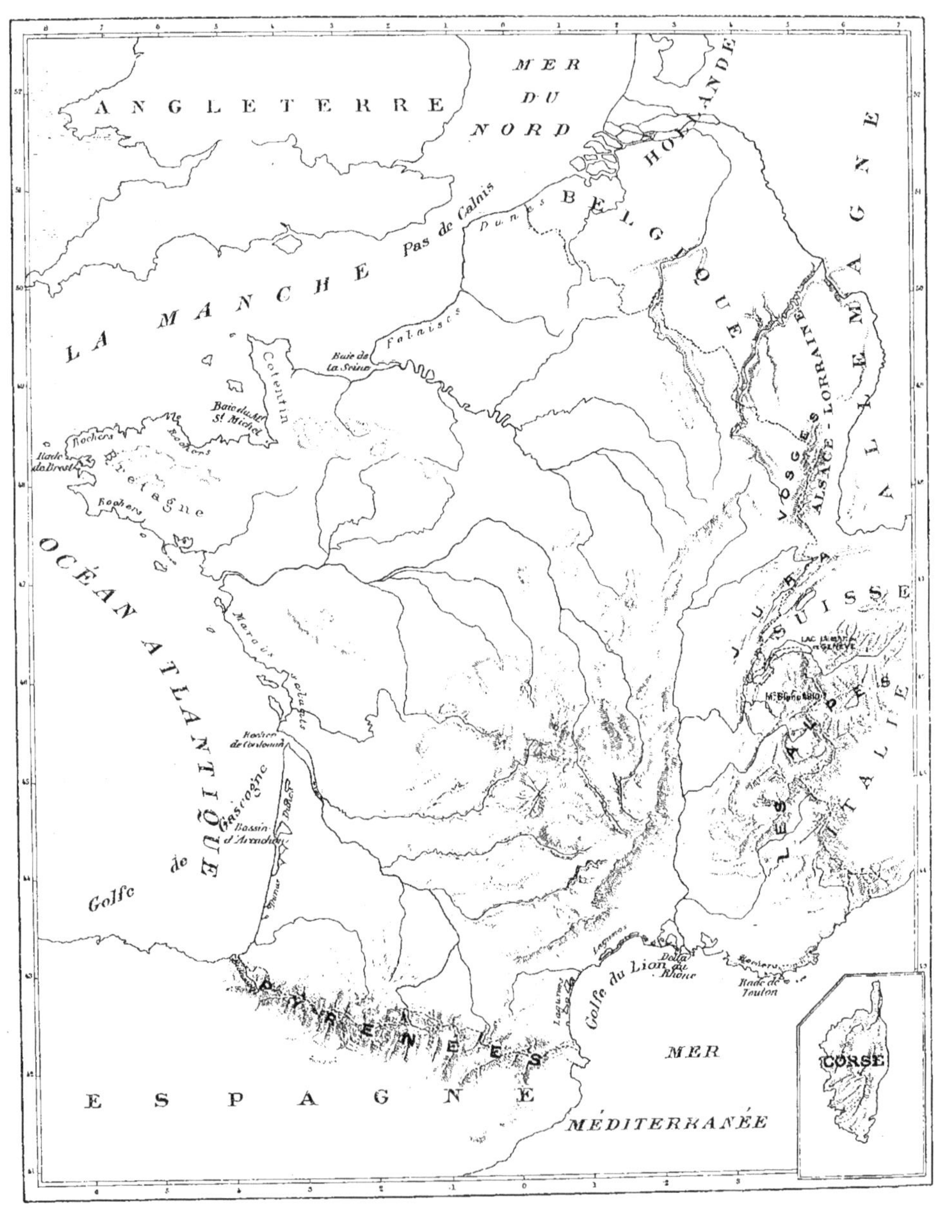

Paris.

DEUXIÈME PARTIE

CHAPITRE PREMIER

FRANCE — SITUATION ET LIMITES

La **France**, notre patrie, est située dans la partie occidentale de l'*Europe*.

Ses frontières sont presque partout *naturelles*, c'est-à-dire formées par une mer, ou une chaîne de montagnes, ou un cours d'eau. Une portion seulement de ses limites est *artificielle* ou *conventionnelle*, c'est-à-dire qu'elle n'est pas indiquée par la forme du sol.

La France est bornée au Nord, par la **mer du Nord**, par le **Pas de Calais** et par la **Manche**, qui la séparent de l'*Angleterre;*

A l'Ouest, par l'**Océan Atlantique**;

Au Sud, par les montagnes des **Pyrénées**, qui la séparent de l'*Espagne*, et par la **mer Méditerranée**;

A l'Est, par les montagnes des **Alpes**, qui la séparent de l'*Italie*, par le **lac de Genève** et par les montagnes du **Jura**, qui la séparent de la *Suisse*; enfin, par les montagnes des **Vosges**, et une ligne conventionnelle, au delà de laquelle sont l'*Allemagne* et la *Belgique*.

Située à peu près à égale distance de l'*Équateur* et du *Pôle nord*, la France est dans la zone des climats *tempérés*.

Sa position entre quatre mers offre de grands avantages et la met en rapports faciles avec la plupart des pays du monde.

La France a à peu près 1000 kilomètres de longueur et 1000 kilomètres de largeur. Sa surface est environ la *vingtième partie* de toute l'Europe.

DESCRIPTION DES CÔTES

Le **littoral** de la France s'étend sur quatre mers : la *mer du Nord*, la *Manche*, l'*Océan Atlantique*, la *Méditerranée*.

Sur la mer du Nord, on trouve d'abord une côte basse et toute sablonneuse ; c'est la région des *dunes*.

Puis vient le **Pas de Calais**, détroit resserré qui sépare la *France* de l'*Angleterre* et réunit la mer du Nord et la Manche.

De ce point jusqu'à l'embouchure de la Seine, la côte se compose surtout de **falaises.** Vue de la mer, elle ressemble à un grand mur à pic, haut parfois de 100 mètres. Elle est percée seulement de quelques échancrures par où s'écoulent de petits cours d'eau.

Falaises de Normandie.

Les falaises cessent à l'embouchure de la *Seine*, qui s'ouvre en une large baie.

Plus loin la côte forme la grande presqu'île du **Cotentin**, autour de laquelle la mer est très dangereuse et bordée de récifs. Au Sud, se trouve la baie du *Mont-Saint-Michel*.

Vient ensuite la péninsule de **Bretagne**, qui est la partie la plus occidentale de la France, et qui s'étend entre la **Manche** au Nord et l'**Océan Atlantique** au Sud.

La côte y a un aspect très sauvage. Elle est élevée, composée de rochers, découpée en une infinité de promontoires aigus, de baies profondes, bordée d'îles ou d'écueils, au milieu desquels se produisent des courants redoutables.

Côtes de Bretagne.

Au Sud de la Bretagne, qui forme la séparation entre l'Atlantique et la Manche, vient l'embouchure de la Loire.

Plus loin se prolonge une côte plate, le long de laquelle sont creusés des *marais salants*.

Marais salants.

Cette partie du littoral français est bordée d'**îles** assez nombreuses.

L'Océan y forme, jusqu'au pied des Pyrénées, un large golfe, appelé *golfe de Gascogne*, où s'ouvre l'embouchure de la **Gironde,** vaste fleuve plus semblable à un bras de mer qu'à un cours d'eau douce. L'entrée en est marquée par le *rocher de Cordouan*, surmonté d'un phare.

Après la Gironde, s'étend une longue ligne de sables, dominée par une rangée de hautes *dunes*. Cette côte est interrompue par la baie ou *bassin d'Arcachon*. Autrefois les *dunes*, poussées par le vent de la mer, envahissaient

Dunes de Gascogne.

le pays; on est parvenu à les rendre immobiles par des plantations de pins.

La côte française de l'Atlantique cesse au pied des Pyrénées, à l'embouchure d'une rivière bien petite, mais célèbre, la **Bidassoa**.

Lagunes de la Méditerranée.

A l'extrémité opposée des Pyrénées s'étend une autre mer, la **Méditerranée**.

Le littoral méditerranéen forme d'abord le vaste **golfe du Lion**. Dans ce golfe la côte est basse, toute en sables, et bordée d'étangs ou plutôt de *lagunes*, où la mer pénètre par des canaux étroits.

Les lagunes se continuent jusqu'à l'embouchure du Rhône, qui se jette dans la mer par un *delta* marécageux et sablonneux.

Plus loin, la côte devient rocheuse; elle

Côtes rocheuses de la Méditerranée.

est dominée par de belles montagnes et découpée de baies nombreuses, dont la plus profonde est la *rade de Toulon*.

Tout le littoral oriental de la Méditerranée française jouit d'un admirable climat; l'hiver

Côtes de la Corse.

y est presque inconnu; des orangers, des palmiers même en font un véritable jardin.

A une assez grande distance s'élève une île

française, la **Corse**. C'est une grande terre montagneuse et couverte de forêts.

Toutes ces côtes sont bordées d'une longue rangée de *phares*, dont la lumière signale les endroits dangereux et guide les navires vers les *ports* qui ont été établis dans les endroits abrités.

Questionnaire.

Dans quel hémisphère est la France? — Dans quelle partie de l'Europe? — Qu'est-ce qu'une limite naturelle? artificielle? — Les frontières de la France sont-elles toutes naturelles? — Énumérez les bornes de la France, en partant du Sud; en partant du Nord. — Énumérez les bornes de la France marquées par des montagnes; les bornes qui sont des mers. — Indiquez bien précisément le point où les frontières sont conventionnelles, et dites les pays qui se trouvent de l'autre côté. — Où est l'Angleterre? — Dans quelle zone est la France, quelle est sa longueur, sa largeur? — Quels avantages lui offre sa position? — Quelle est la grandeur de la France par rapport à l'Europe? — Quelles sont les mers sur lesquelles s'étend le littoral? — Rappelez ce que c'est qu'un golfe, un cap, un détroit, une île, etc. — Suivez et décrivez la côte jusqu'à l'extrémité de la Bretagne. — Entre quelles mers se trouve la Bretagne? — Quelle est la côte le long de laquelle il y a le plus de grandes îles? — Qu'est-ce que le golfe de Gascogne? — Qu'y a-t-il sur la côte entre la Gironde et les Pyrénées? — Quelle est la rivière qui forme la limite sur l'Atlantique? — Indiquez la différence entre les deux parties du littoral de la Méditerranée. — Où se trouvent les rades de Toulon et de Brest? — Qu'est-ce que la Corse? — Y a-t-il des ports sur les côtes de France?

Montagnes et glaciers des Alpes françaises.

CHAPITRE II

OROGRAPHIE OU ÉTUDE DES MONTAGNES

Le sol de la France est assez accidenté. Le **Nord** et l'**Ouest** sont surtout composés de *plaines entrecoupées de collines*, tandis que le **Centre,** l'**Est** et le **Sud** sont presque partout *montagneux*. La France est ainsi divisée en deux parties à peu près égales, mais d'aspect bien différent.

Les principales chaînes de montagnes sont : vers le milieu du pays, le **massif central**; au Sud-Est, les **Alpes**; à l'Est, le **Jura** et les **Vosges**; au Sud, les **Pyrénées**.

Le **massif central**, appelé quelquefois aussi **plateau central**, n'est pas la plus haute de nos chaînes de montagnes; mais il *appartient en entier à la France*, au milieu de laquelle il s'élève comme une sorte de grande forteresse. Les **Pyrénées** et les **Alpes**, le **Jura** et les **Vosges**, sont au contraire placés sur la lisière du pays, *et n'appartiennent à la France que par un de leurs côtés*.

Le massif central forme plusieurs chaînes enchevêtrés, et de grands plateaux. Dans la partie orientale, il est composé de la longue chaîne des **Cévennes**. Plus loin vers le *Nord-Ouest*, se prolongent les **monts d'Auvergne**.

Cette partie de la France contient un grand nombre de **volcans** éteints, mais encore aujourd'hui parfaitement reconnaissables à leur forme et à leurs larges *cratères*.

Le Puy de Dôme.

Ils portent pour la plupart le nom de **Puy**, qui signifie sommet.

Le sommet le plus élevé est le **Puy de Sancy**, qui a près de 1900 mètres. Une autre montagne, moins haute, mais plus célèbre, le **Puy de Dôme**, est surmontée d'un *observatoire*.

Le massif central a un climat très rude, des hivers froids; ses montagnes sont d'un aspect sauvage, couvertes de forêts sur beaucoup de points. Il est peu fertile, *mais il envoie dans le reste de la France une grande partie des eaux qui fécondent notre pays*.

Les **Alpes** s'étendent entre la *France* et l'*Italie*, depuis la *mer Méditerranée* jusqu'au *lac de Genève*. Ce *sont les montagnes les plus élevées de l'Europe*. Une grande quantité de **neiges** couvre perpétuellement leurs sommets, et des **glaciers** immenses remplissent le haut de leurs vallées.

Haute vallée des Alpes remplie de neiges.

La plus haute cime de toutes les Alpes, le **Mont Blanc**, se dresse en France, et s'élève à près de 5000 mètres au-dessus de la mer.

La région des Alpes n'est guère habitable que dans les vallées. Les sommets, déchiquetés, sont presque inabordables, et les pentes sont couvertes de forêts ou formées de rochers abrupts. Les Alpes ne peuvent être franchies qu'aux endroits où des **cols**, étroits comme des entailles faites dans la montagne, ouvrent un passage. Mais elles sont aujourd'hui percées par un prodigieux *tunnel* de 12 kilomètres de long, qui met en communication directe et rapide la *France* et l'*Italie*.

Le **Jura** s'étend entre la *France* et la

Suisse, depuis le *lac de Genève* jusqu'au *Rhin*. Il est trois fois moins haut que les **Alpes**, et ne leur ressemble point. Il ne possède ni neiges, ni glaciers, ni grandes aiguilles de rochers.

Les **Vosges**, qui s'élèvent au nord du Jura entre la *France* et l'*Alsace*, sont encore moins hautes que lui. Les deux côtés de cette chaîne nous appartenaient en entier avant 1871. Nous n'en gardons que le versant occidental.

Vallée dans les Vosges.

Les Vosges sont des montagnes de formes douces et arrondies, dont les sommets portent le plus souvent le nom de **ballons**. Les vallées sont verdoyantes et arrosées par de nombreux cours d'eau, les pentes sont couvertes de sapins. De toutes parts s'élèvent des villes industrielles et des usines.

Les **Pyrénées** sont tout à fait séparées de toutes ces montagnes. Elles s'élèvent entre la *France* et l'*Espagne*, de l'*Océan Atlantique* à la *mer Méditerranée*. C'est une chaîne moins haute que les Alpes, mais couverte cependant de neiges et de glaces sur bien des points, et très difficile à franchir. Les sommets sont parfois disposés en grands amphithéâtres qui portent le nom de **cirques.**

Le plus haut pic français des Pyrénées est le **Vignemale**, haut de 3300 mètres à peu près. Un autre sommet, le **Pic du Midi de Bagnères**, *porte sur sa pointe un observatoire, bâti dans la région où se forment les orages et les neiges.*

Cirque de Gavarnie.

Le **reste de la France** *est composé de grandes plaines, descendant en pentes douces vers la mer*, et entre lesquelles s'élèvent des massifs de collines. Le principal de ces massifs est celui des *Ardennes*.

Cette partie du pays est riche, cultivée, bien arrosée, ni trop chaude en été, ni trop froide en hiver; des routes la parcourent en tous sens, et c'est là que sont situées les plus grandes villes.

Questionnaire.

Rappelez ce que c'est qu'une montagne, une chaîne de montagnes, un plateau, une colline, un glacier, etc., etc. — Quelles sont les parties de la France qui ont surtout des plaines? surtout des montagnes? — Quelles sont les principales chaînes de montagnes? — Décrivez le massif central — Qu'est-ce que le massif central présente de particulier? — Quelles sont les montagnes qui font partie du massif central? — Quelles sont les montagnes françaises où se trouvent des volcans éteints? — Quel est le climat du plateau central? — Qu'est-ce que les Puys? — Où sont les Alpes? — Ont-elles des neiges, des glaciers? — Le massif central en a-t-il? — Quel est le plus haut sommet des Alpes? — Comment passe-t-on de France en Italie? — Où est le Jura? — Comparez le Jura et les Alpes? — Où sont les Vosges? — Sont-elles très élevées? — Quelle est leur forme? — Avons-nous encore toutes les Vosges? — Avant quelle époque les avions-nous? — Où sont les Pyrénées? — Qu'est-ce qu'un cirque? — Nommez deux sommets des Pyrénées. — Les Pyrénées sont-elles faciles à franchir? — Qu'est-ce que les Ardennes? — Décrivez la partie de la France où se trouvent surtout les plaines.

Estuaire de la Gironde.

CHAPITRE III

HYDROGRAPHIE OU ÉTUDE DES EAUX

La France est sillonnée par de nombreux cours d'eau, grâce aux pluies abondantes qui lui viennent de la mer.

Les plus considérables de ces cours d'eau sont, en allant du Nord au Sud, la **Seine**, la **Loire**, la **Garonne**, le **Rhône**.

La plupart de ces grands fleuves appartiennent en entier à la France. D'autres ne lui appartiennent, comme la **Meuse** et l'**Escaut**, que par une petite partie de leur cours, ou que par leurs affluents, comme le **Rhin**.

Le bassin de la *Seine* est tourné vers **la Manche**. Les bassins de la *Loire* et de la *Garonne* sont tournés vers l'**Océan Atlantique**. Le bassin du *Rhône* est tourné vers la **Méditerranée**.

Les trois premiers bassins forment ensemble le **versant de l'Océan Atlantique**. Le bassin du *Rhône* forme le **versant de la Méditerranée**.

La Seine à Rouen.

La **Seine** prend sa source dans des hauteurs peu considérables, se dirige vers le Nord-Ouest, et se jette dans la Manche par une baie assez large.

Le cours de la Seine suit une pente modérée et à peu près égale, de sorte que ses eaux coulent régulièrement et doucement vers la mer. Au moment de la marée, le flot de la Manche refoule les eaux du fleuve jusqu'à une grande distance de son embouchure, augmente ainsi sa profondeur ordinaire, et le rend accessible à de gros navires.

La Seine a cinq affluents principaux, trois sur la rive droite, l'**Aube**, la **Marne** et l'**Oise** ; deux sur la rive gauche, l'**Yonne** et l'**Eure**.

La Loire à Tours.

La **Loire** *reçoit du* **massif central** *la plus grande partie de ses eaux.* Elle prend sa source dans les Cévennes, coule d'abord vers le Nord, au milieu des montagnes, à travers des vallées rapides et resserrées. Peu à peu, sa pente s'adoucit; puis *elle tourne à l'Ouest et se dirige vers l'***Océan Atlantique**.

Son plus grand affluent sur la rive gauche, l'**Allier**, est presque une seconde *Loire*. Il prend sa source, comme elle, dans les Cévennes.

Après l'*Allier*, la Loire reçoit trois grands affluents par la rive gauche : le **Cher**, l'**Indre** et la **Vienne**. *Tous les trois descendent aussi du* **massif central**.

Un seul affluent considérable rejoint la Loire sur la rive droite : c'est la **Maine**, composée de trois autres rivières : le **Loir**, la **Sarthe** et la **Mayenne**.

La Loire est un fleuve très irrégulier. Au printemps, quand les neiges fondent, elle roule plus d'eau que son lit ne peut en contenir. A d'autres moments, en été, elle n'est plus qu'une faible rivière qui serpente au milieu des sables.

La **Garonne** vient de la région la plus élevée et la plus sauvage des **Pyrénées**. Elle a plusieurs sources, *toutes situées en* **Espagne**. Mais, à peine formée, elle entre en **France**, se dirige d'abord vers l'Est, comme pour aller vers la **Méditerranée**; puis elle tourne au Nord-Ouest et descend vers l'**Océan**.

Deux de ses plus grands affluents, le **Tarn** et le **Lot**, ne lui viennent pas des **Pyrénées**, mais du **massif central**, où ils coulent au fond de coupures d'une profondeur effrayante. L'**Ariège**, le **Gers**, sont les principaux affluents venant du côté des Pyrénées.

La **Garonne**, dans la dernière partie de son cours, s'unit à la **Dordogne** qui descend des pentes du *Puy de Sancy*.

Les deux rivières réunies prennent alors le nom de **Gironde**, forment un immense *estuaire*, toujours sillonné de grands navires, et ne tardent pas à se mélanger d'eau salée et à se confondre avec la mer.

Vient ensuite, de l'autre côté du massif central, *le versant de la* **Méditerranée**, formé par un seul bassin, celui du **Rhône**. Le Rhône a sa source en **Suisse**, dans une

FRANCE PHYSIQUE

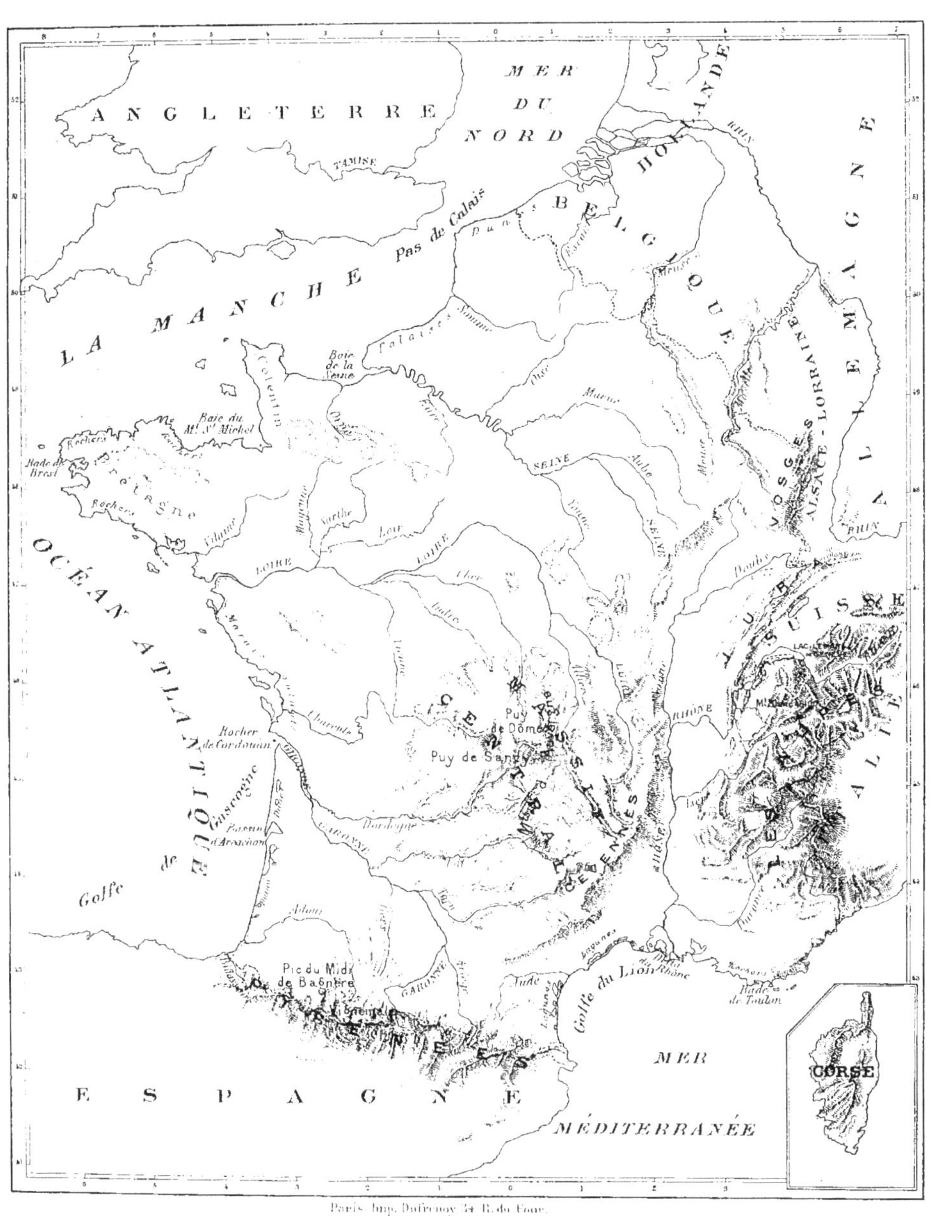

Paris. Imp. Dufrenoy 34 R. du Four.

GRANDES VILLES DE FRANCE

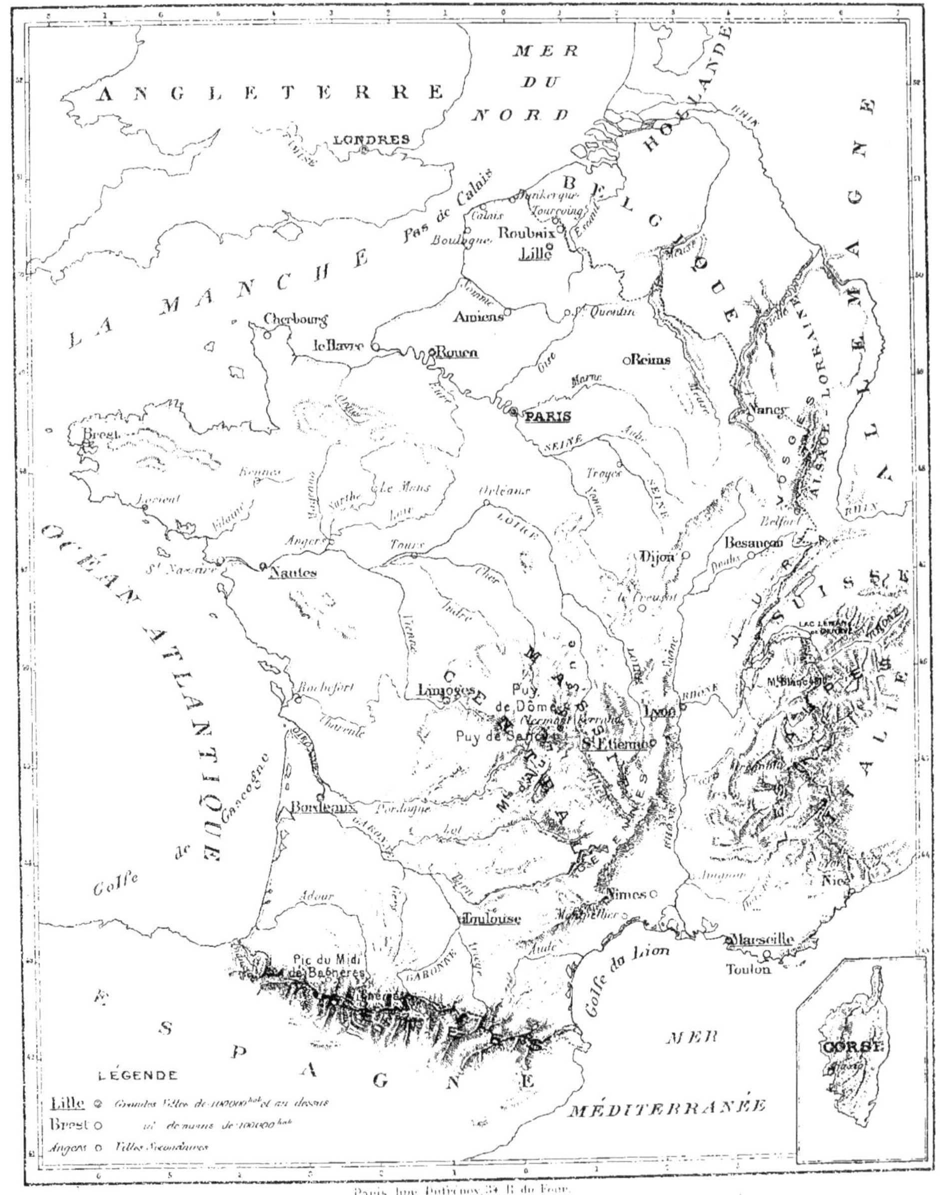

Paris Imp. Dufrénoy, 34 R. du Four.

partie élevée des Alpes. Il se dirige à l'Ouest, forme le grand **lac de Genève**, *dont la partie Sud est française;* ensuite, *il est tout entier en*

Jonction du Rhône et de la Saône à Lyon.

France, il reçoit la **Saône**, et fait brusquement un coude, de façon à se diriger en ligne droite vers la **Méditerranée**.

Il forme à son embouchure, *non pas une grande baie, comme la* **Seine**, *la* **Loire** *et la* **Gironde**, mais un delta marécageux et composé de sables qui se déplacent sans cesse. Aussi n'a-t-il à son extrémité aucun port.

La **Saône** est le principal affluent du Rhône. Elle reçoit elle-même le **Doubs**.

Le **Rhône** est un fleuve rapide et violent; il reçoit sur sa gauche l'**Isère** et la **Durance**, qui viennent des Alpes françaises et sont de grands torrents plutôt que des rivières.

Dans la région de l'*Est* et du *Nord-Est* prennent naissance des rivières dont le cours supérieur seulement appartient à la France.

Ce sont :

La **Moselle**, qui va se jeter dans le *Rhin;*

La **Meuse** et l'**Escaut**, qui vont se jeter dans la *mer du Nord*.

Il y a aussi en France des *bassins secondaires* dont les eaux vont directement à la mer, et forment de petits fleuves indépendants.

Ainsi, la **Somme** et l'**Orne** se jettent dans la *Manche*; la **Vilaine**, la **Charente** et l'**Adour** se jettent dans l'*Océan Atlantique;* l'**Aude** et le **Var** se jettent dans la *mer Méditerranée*.

La France n'a pas beaucoup de grands lacs. Elle possède la rive méridionale du lac **Léman** ou de **Genève**.

Questionnaire

Rappelez ce que c'est qu'un fleuve, un affluent, un bassin, un versant. — La France a-t-elle beaucoup de cours d'eau? — Pourquoi? — Quels sont les principaux fleuves? — Distinguez ceux qui appartiennent et ceux qui n'appartiennent pas en entier à la France. — Vers quelles mers sont tournés les bassins de la Seine? de la Loire? de la Garonne? du Rhône? — Quels sont les versants formés par ces différents bassins. — Décrivez la Seine. — Quels sont ses affluents? — D'où vient la Loire? — Où se jette-t-elle? — Quel est son principal affluent? — Quels sont les autres? — La Loire est-elle un fleuve régulier? — D'où vient la Garonne? — Sa direction reste-t-elle toujours la même? — Quels sont ses affluents? — D'où viennent la plupart de ses affluents? — A quelle rivière s'unit la Garonne? — Quel nom portent les deux rivières réunies? — Où le Rhône a-t-il sa source? — Quel lac forme-t-il? — Quel est son grand affluent? — Que présente de particulier l'embouchure du Rhône? — La Saône a-t-elle un affluent? — Indiquez des affluents du Rhône qui sont presque des torrents? — Parlez des rivières de l'Est et du Nord-Est. — Sont-elles toutes en France? — Citez les cours d'eau qui forment des bassins secondaires, dites où ils se jettent. — La France a-t-elle de grands lacs? — Quel est le grand lac dont la France possède une partie? — Montrez que la Seine, la Loire, la Garonne ont à peu près la même direction. — Cherchez sur la carte le plus grand fleuve français.

Marseille.

CHAPITRE IV

POPULATION DE LA FRANCE. — GRANDES VILLES

La **France** contient environ **37 millions** d'habitants.

Ces habitants ne sont pas répartis également à la surface du territoire ; sur certains points, ils vivent séparés et éloignés les uns des autres; dans d'autres parties, au contraire, ils sont réunis et groupés.

Suivant que les habitants sont réunis plus ou moins nombreux sur un seul point, ils forment un **hameau**, un **village**, un **bourg**, une **ville.**

Un **hameau** est un groupe de quelques maisons seulement, situées au milieu des champs ou des bois.

Si les maisons sont plus nombreuses, elles forment un **village**.

Un gros **village** prend le nom de **bourg**.

Une **ville** est la réunion d'un nombre plus considérable d'habitants, *c'est un bourg plus peuplé.* Le nombre des habitants des villes varie d'ailleurs beaucoup; certaines villes n'ont que *deux mille* habitants, d'autres en ont plus de *cent mille*; **Paris**, **Londres** en ont plus d'un ou même de deux **millions**.

L'importance des villes tient surtout ou à l'**industrie**, ou au **commerce**, ou aux **grandes administrations** qui y ont leur siège, ou aux **fortifications** qui servent à la défense du pays.

L'**industrie** consiste à *transformer pour l'usage de l'homme les matières que fournit la terre.* Avec le minerai de fer produire de l'acier, avec de l'acier fabriquer des armes, des outils, des machines, avec le chanvre, faire du fil, avec le fil, fabriquer la toile, *voilà des industries.*

Le **commerce** consiste *à échanger les productions de la nature ou les objets fabriqués;* ainsi on transportera d'un point à l'autre du vin ou du blé; en *France*, on apportera d'*Amérique* du coton, du café; en *Afrique*, on apportera d'*Europe* des étoffes ou des objets fabriqués, etc. *Voilà du commerce.*

Les grandes villes ne se sont pas établies suivant la fantaisie des hommes; elles se sont formées peu à peu sur les points les plus propices à l'industrie ou au commerce. Sur le bord de la mer on a cherché le voisinage d'un *golfe* ou d'une *baie;* dans l'intérieur des terres, les rivières navigables ou le voisinage des mines. La ville est ainsi devenue d'autant plus grande qu'elle pouvait fournir du travail à un plus grand nombre d'hommes.

Il y a en France 9 villes qui ont plus de 100000 habitants. Ce sont :

Paris, **Lyon**, **Marseille**, **Bordeaux**, **Lille**, **Toulouse**, **Saint-Étienne**, **Nantes**, **Rouen**.

La **capitale de la France est Paris**, situé sur la Seine, et divisé par ce

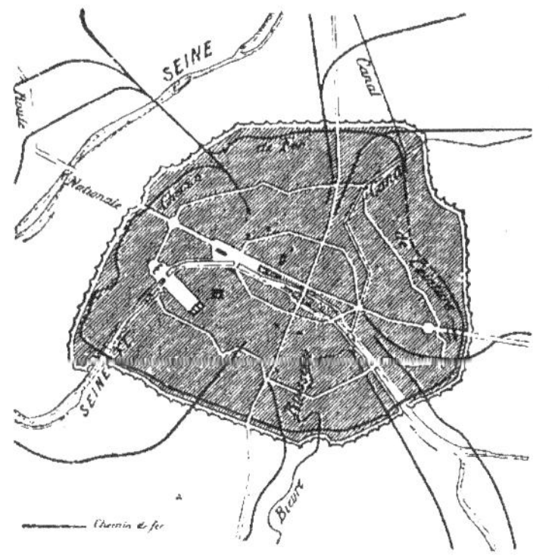

Plan de Paris.

fleuve en deux parties. **Paris** *est la ville la plus peuplée de toute la France* et l'une des plus peuplées du globe. Il contient dans l'enceinte des fortifications qui l'entourent **deux millions** d'habitants.

Comme capitale, **Paris** est le siège du gouvernement et renferme de grands monuments d'utilité publique.

C'est aussi une ville *d'industrie et de commerce*, que sa situation met en communication facile avec le reste de la France, et avec les plus importants des pays européens, l'**Angleterre**, la **Belgique**, l'**Allemagne**.

Les autres villes de premier ordre sont :

Dans le **Nord** : **Lille**, **Roubaix**, **Amiens**, **Reims**.

Lille, près de la Belgique, *est avant tout une ville d'industrie*, produisant les toiles et les étoffes de toutes sortes, les machines, le sucre, la bière.

Roubaix fabrique d'immenses quantités de draps.

Amiens fabrique des étoffes.

Amiens.

Reims est la grande ville des lainages, et se trouve dans la région où se fait le vin de Champagne, célèbre dans le monde entier.

Autres villes importantes : *Tourcoing*, *Dunkerque* (port), *Calais* (port), *Boulogne* (port), *Saint-Quentin*.

Les villes de premier ordre dans l'**Ouest** sont : **Rouen**, **le Havre**, **Cherbourg**, **Brest**, **Nantes**, **Bordeaux**.

Rouen est situé sur les deux rives de la Seine, qui, grâce au flux de la mer, peut recevoir d'assez gros navires. C'est à la fois un port de commerce et une ville d'industrie.

Le Havre, à l'embouchure de la Seine, est en quelque sorte le port de Paris et le grand intermédiaire entre la **France**, l'**Angleterre** et l'**Amérique du Nord**.

Cherbourg, sur la *Manche*, à l'extrémité de la presqu'île du Cotentin, est un port militaire. Des travaux considérables y ont été accomplis pour créer une *rade* artificielle.

Brest est le premier port militaire de la

Pont tournant à Brest.

France. Il est situé sur une rade naturelle, à l'extrémité de la péninsule de Bretagne.

Nantes, à une certaine distance de l'embouchure de la Loire, est un port de commerce; près de Nantes, le port de **Saint-Nazaire** a été creusé à l'embouchure même du fleuve.

Bordeaux.

Bordeaux n'est pas sur l'Océan; mais la *Garonne* y est très profonde et large, et les plus gros navires peuvent venir charger ou décharger des marchandises sur les quais mêmes de la ville. Bordeaux a un commerce particulier, celui des vins célèbres qui portent son nom.

Autres villes importantes dans l'Ouest : *Le Mans*, *Angers*, *Rennes*, *Tours*, *Orléans*, *Lorient* (port de guerre), *Rochefort* (port de guerre).

Les villes de premier ordre dans le **Midi** sont : **Toulouse**, **Nîmes**, **Marseille**, **Toulon**, **Nice**.

Toulouse, sur la Garonne, est entre *Bordeaux* et *Marseille*, entre l'**Océan** et la **Méditerranée**. C'est une ville intéressante par le développement des lettres, des sciences et des arts.

Nîmes est restée la plus importante de ces *cités romaines* qui couvrirent autrefois le midi de la France. De beaux monuments

Arènes de Nîmes.

anciens, *temples*, *arènes*, *aqueducs*, montrent encore quelle était sa prospérité.

Marseille est la première ville du Midi, et le premier port non seulement de la *Méditerranée*, mais de la *France* et de l'*Europe continentale*. Elle envoie surtout ses navires dans la Méditerranée et dans toutes les mers de l'Orient; elle reçoit des blés, elle fabrique de l'huile, du savon, des produits chimiques.

Toulon est le port militaire de la *Méditerranée*, comme **Brest** de l'*Atlantique* et **Cherbourg** de la *Manche*.

Port de Nice.

Nice, au bord de la mer, a un climat d'une admirable douceur.

Autres villes importantes du Midi : *Montpellier*, *Avignon*, *Cette* (port).

Les villes de premier ordre dans l'**Est** sont :

Lyon, Dijon, Besançon, Nancy.

Citadelle de Besançon.

Lyon, au confluent du Rhône et de la Saône est *la ville la plus peuplée de France après* **Paris**; c'est une ville d'industrie, importante et célèbre par la fabrication des étoffes de soie.

Dijon est au milieu du pays qui produit les vins connus sous le nom de vins de Bourgogne.

Besançon, sur le Doubs, est le centre de l'industrie de l'horlogerie, qui s'exerce dans toute la région du *Jura*. C'est aussi une place forte de premier ordre, qui fait partie, avec *Belfort*, de notre ligne de défense à l'Est.

Nancy est aujourd'hui la dernière grande ville française du côté de l'Allemagne; elle a de beaux monuments et des établissements d'instruction publique.

Autres villes importantes de l'Est : *Grenoble*, *Troyes*.

Les villes de premier ordre dans le **massif central** sont :

Saint-Étienne, Limoges.

Le massif central n'a pas autant de grandes villes que le reste du pays. Cependant comme les montagnes contiennent des **mines,** des centres d'industrie s'y sont établis sur certains points. Ainsi **Saint-Étienne** est une des premières villes de France. *Le Creusot*, situé plus au Nord, n'est qu'une usine, *mais la plus grande de l'Europe*.

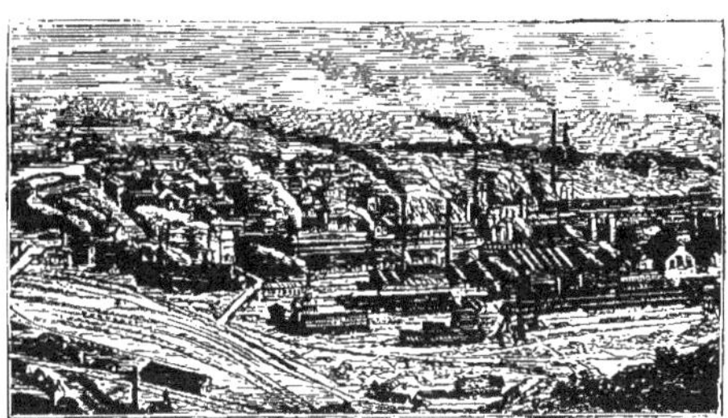

Le Creusot.

Limoges fabrique beaucoup de porcelaines.

Autre ville importante du massif central : *Clermont-Ferrand*.

FRANCE EN DÉPARTEMENTS

Paris. Imp. Dufrénoy, 34. R. du Four.

Ces différentes villes marquent les points de la France où se développe la richesse qui vient de l'industrie et du commerce. Mais la France a une autre richesse, celle que lui donne *l'agriculture*, autrement dit la culture de la terre. Celle-là est répartie partout dans les campagnes, autour des moindres hameaux. Elle constitue la plus grande partie de la fortune de notre pays.

Questionnaire.

Combien la France a-t-elle d'habitants? — Qu'est-ce qu'un hameau? un village? un bourg? une ville? — Toutes les villes ont-elles la même population à peu près? — A quoi tient l'importance des villes? — Qu'est-ce que l'industrie? le commerce? — Comment s'explique-t-on que des villes se soient formées plutôt sur certains points? — Quelles sont les plus grandes villes du Nord? — Parlez de Paris? — Que fabrique-t-on surtout à Lille, à Roubaix, à Amiens, à Reims? — Quelles sont les plus grandes villes de l'Ouest? — Parlez de Rouen, du Havre. — Quelle est l'importance de Cherbourg? de Brest? — Parlez de Nantes, de Bordeaux. — Quelles sont les plus grandes villes du Midi? — Parlez de Toulouse, de Nimes, de Marseille. — Qu'est-ce que Toulon? — Par quoi Nice est-elle remarquable? — Quelles sont les plus grandes villes de l'Est? — Parlez de Lyon, de Dijon, de Besançon, de Nancy. — Le massif central est-il aussi peuplé que les autres parties de la France? — Quelle est l'importance de Saint-Étienne? du Creusot? — Parlez de Limoges. — N'y a-t-il de richesse que dans les grandes villes? — Qu'est-ce que l'agriculture? — Quelle est l'importance de l'agriculture? — Résumer en citant : les places fortes; les ports de guerre; les ports de commerce; les villes surtout industrielles, etc... — Montrez les grandes villes sur la carte.

CHAPITRE V

GOUVERNEMENT ET ADMINISTRATION DE LA FRANCE

Le Gouvernement de la France est le **Gouvernement républicain**, fondé sur le suffrage universel.

Le Gouvernement de la République est confié à un **Président**, assisté de **Ministres** et qui a auprès de lui un **Sénat** et une **Chambre des députés** élus par le pays.

Le siège du **Gouvernement** est à **Paris**.

Pour l'**administration**, la France est divisée en parties de territoire d'étendue à peu près égale, qui se nomment **départements**.

Il y a **86 départements**.

Chaque *département* est divisé en **arrondissements**.

Chaque *arrondissement* est divisé en **communes.**

Le *département* est administré par un **préfet**. La ville où réside le préfet est le **chef-lieu** du département.

L'*arrondissement* est administré par un **sous-préfet**.

La *commune* est *la plus petite* des divisions de la France. C'est dans la commune surtout que nous vivons. On appelle *commune* un territoire dans lequel se trouve un groupe de maisons, village, bourg ou ville, qui en est le **chef-lieu.**

La commune est administrée par un **maire.**

Dans chaque *département* est élu un **conseil général**, dans chaque *arrondissement* un **conseil d'arrondissement**, dans chaque *commune* un **conseil municipal.**

Plusieurs communes voisines forment un *canton*, où se trouve un **juge de paix.**

Les **départements** sont les *plus grandes* des divisions de la France, comme les **communes** en sont les *plus petites*.

Questionnaire.

Quel est le gouvernement de la France? — Par qui la France est-elle gouvernée? — Où est le siège du gouvernement? — Comment la France est-elle divisée pour l'administration? — Combien y a-t-il de départements? — Comment sont divisés les départements? les arrondissements? — Par qui est administré le département? — Qu'est-ce qu'une commune? — Comment est administrée une commune? — Qu'est-ce qu'un canton? — Quelle est la plus grande des divisions de la France? — Quelle est la plus petite?

CHAPITRE VI

VOIES DE COMMUNICATION

On appelle **voies de communication** les *voies* par lesquelles les hommes se transportent d'une région vers une autre et se procurent les divers produits de leur pays ou des pays voisins.

Ces *voies* sont : la **mer**, les **rivières**, les **canaux**, les **routes**, les **chemins de fer.**

La **mer** est une *voie de communication naturelle* parcourue par les navires à voiles ou à vapeur.

Les **cours d'eau** sont aussi des voies de communication naturelles.

On dit qu'une rivière devient *flottable*, lorsqu'elle peut porter des radeaux et des trains de bois ; elle est appelée *navigable*, lorsqu'elle peut porter des embarcations.

Un **canal** est une *rivière artificielle*, c'est-à-dire creusée de main d'homme. Il sert à rendre *plus facile* la navigation d'une *rivière*, à *réunir deux rivières ou deux fleuves*; il permet ainsi aux embarcations de parcourir tout l'ensemble d'un pays.

Les **voies de communication terrestres** sont toujours *artificielles*, c'est-à-dire que le travail humain les a toujours ou *créées* ou *perfectionnées*. Les plus nombreuses et les plus anciennes sont les **routes**.

Une **route** est un chemin tracé de main d'homme, facile à reconnaître, et rendu assez solide et assez large pour que les voitures puissent y passer.

Les **routes** en France sont de différentes sortes.

Les **chemins vicinaux** sont les routes qui servent surtout à faire communiquer entre elles *des communes* voisines ; ils s'étendent dans toute la **France** et forment à la surface du sol un *immense réseau*.

Les **routes départementales** sont celles qui servent à faire communiquer entre elles *les différentes parties d'un* **département.**

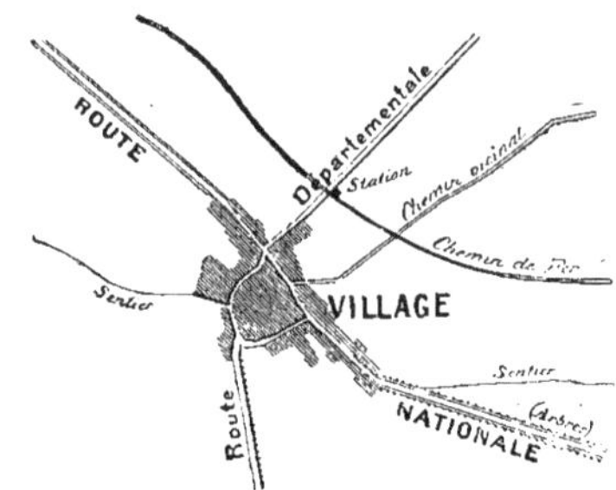

Routes et chemins de fer.

Les **routes nationales** sont celles qui servent surtout à mettre **Paris** en communication avec les différentes parties de la France; elles vont ainsi d'une extrémité du pays à l'autre. Presque toutes les autres routes viennent y *aboutir* ou les *traversent*.

Les **chemins de fer** sont des routes destinées à être parcourues par les *trains* mus à l'aide de la vapeur. Leur nom vient de ce qu'ils sont, sur toute leur étendue, recouverts de *bandes de fer* appelées *rails*, où s'adaptent les roues des locomotives et des wagons.

Toutes les parties de la France communiquent entre elles ou avec l'étranger par ces différentes *voies*.

Par la **mer Méditerranée** la France communique directement avec l'**Europe**

méridionale, avec une partie de **l'Asie** et avec le nord de l'**Afrique.** Depuis que le **canal de Suez** a été creusé, les navires peuvent passer de la **Méditerranée** dans l'**Océan Indien**.

Par l'**Océan Atlantique**, la **France** est en communication avec le Nord de l'**Europe**, avec l'Ouest de l'**Afrique** et avec l'**Amérique**, qui nous fait face.

Nos **fleuves** et nos **canaux** établissent des lignes de navigation intérieure, par lesquelles on peut aller de l'**Océan** à la **Méditerranée**, à la **Manche**, ou à la **mer du Nord**, et parcourir ainsi presque toute la France.

Les **chemins de fer français** peuvent se décomposer en deux sortes de lignes. Les lignes les plus importantes vont de *Paris* aux grandes villes : *Lyon, Marseille, Bordeaux, le Havre*, etc., et la plupart se prolongent jusqu'aux extrémités de l'Europe.

D'autres lignes relient ces grandes voies les unes aux autres, et font communiquer entre elles les différentes parties du pays.

Questionnaire.

Qu'appelle-t-on voies de communication ? — Quelles sont les différentes voies de communication ? — Décrivez les voies de communication par eau, par terre. — Les voies de communication par eau sont-elles toutes naturelles ? — Quelles sont les voies de communication artificielles ? — Décrivez les différentes espèces de routes, les chemins de fer. — Quels sont les pays avec lesquels la France communique par la Méditerranée ? — Où peut-on aller par le canal de Suez ? — Avec quel pays peut-on communiquer par l'Océan Atlantique ? — Quelles sont les mers que nos fleuves et nos canaux mettent en communication ? — Où vont les lignes de chemins de fer les plus importantes ? — La France communique-t-elle par les chemins de fer avec le reste de l'Europe ?

CHAPITRE VII

COLONIES FRANÇAISES

Les **colonies** sont des établissements fondés par les nations européennes dans les autres parties du monde, pour y recueillir les productions que ne fournit pas l'Europe.

La France a des *colonies* en **Asie**, en **Océanie**, en **Amérique**, en **Afrique**.

Les principales colonies d'Asie sont :

Pondichéry, dans l'**Inde** ;

La **Cochinchine**, capitale **Saïgon**.

La principale *colonie* d'**Océanie** est la **Nouvelle-Calédonie**.

Les principales colonies d'**Amérique** sont les *îles* de la **Martinique** et de la **Guadeloupe**, riches en *sucre*, en *café*, en *bois précieux*.

En **Afrique**, la France possède le **Sénégal**, l'**Ile de la Réunion** et l'**Algérie**.

L'**Algérie** *est la plus grande de toutes nos possessions*. Elle est séparée de la France par

Un site à la Martinique.

la Méditerranée et forme un vaste territoire

au Nord de l'Afrique; elle est dans certaines parties très fertile, elle a de *belles forêts*, de *grands pâturages*, des *mines;* on y récolte les *blés*, le *vin*, le *tabac*, les *oranges*, les *dattes*, etc.

La capitale est **Alger**, qui est à trente-six heures seulement de **Marseille**, et à cinquante-quatre heures de **Paris**.

L'Algérie a pour habitants des **Européens**, des **Kabyles**, des **Arabes** ou des **Nègres** venus de l'intérieur de l'Afrique.

Questionnaire.

Qu'est-ce qu'une colonie? — Où la France a-t-elle des colonies? — Quelles sont les colonies en Asie? en Océanie? en Amérique? en Afrique? — Quelles sont les productions de la Martinique et de la Guadeloupe? — Quelle est la plus grande de nos possessions? — Où est l'Algérie? — Que produit-elle? — Quelle est la capitale?

Alger.

PARIS. — IMPRIMERIE ÉMILE MARTINET, RUE MIGNON, 2.

PARIS. — IMPRIMERIE EMILE MARTINET, RUE MIGNON, 2

www.ingramcontent.com/pod-product-compliance
Ingram Content Group UK Ltd.
Pitfield, Milton Keynes, MK11 3LW, UK
UKHW020443230726
13925UKWH00004B/1795

9 782014 442021